Andreas Netzler

Weihnachten
– daran kann ich dich erkennen

Gedichte

© 2021 Andreas Netzler

Autor: Andreas Netzler
Umschlaggestaltung, Illustration: Andreas Netzler
Lektorat, Korrektorat: Andreas Netzler

Verlag & Druck:
tredition GmbH
Halenreie 40-44
22359 Hamburg

ISBN: 978-3-347-31382-8 (Paperback)
ISBN: 978-3-347-31383-5 (Hardcover)
ISBN: 978-3-347-31384-2 (e-Book)

Bibliografische Information der Deutschen Nationalbibliothek:
Die Deutsche Nationalbibliothek verzeichnet diese Publikation in der Deutschen Nationalbibliografie; detaillierte bibliografische Daten sind im Internet über http://dnb.d-nb.de abrufbar

Inhalt

Was ist schon der Weihnachtsmann

Vom Weihnachtsmann
erwartet man nicht, dass er allzu viel kann
denn als rot gekleidete Gestalt aus der Werbe-Märchenwelt
soll er „nur" Geschenküberbringer sein – was in dieser Schlichtheit kurz gefällt
  - doch wie anders ist es damit und zwischen Partnern oder Ehegatten
  also jenen, die Tag für Tag ein Auge aufeinander haben und hatten
  weil der Alltag viel Aufmerksamkeit, Kraft und Zuwendung braucht
  bis mancher Geduldsfaden schon mal ein wenig schmort oder raucht
  und wie die Partner sich dann doch sanft in die Arme nehmen
  um sich Freude und Geborgenheit zu geben?!
Was also ist dagegen der rasende Weihnachtsmann
der außer „hoho" und Geschenke-werfen kaum was kann?
Was ist die rot gewandte Figur nur für ein Schabernack
denn nach dem Geschenke-werfen ist bei dem auch schon der Lack ab?!
Und rasch verschwindet er zu Recht für den Rest des Jahres im Vergessen
spätestens nachdem der Weihnachtsbraten ist gegessen
  - und was für ein nettes Geschenk ist dagegen z.B. ein festliches Zusammensein
  wenn sich der Tisch unter Wein, Braten und Plätzchen biegt – fröhlich und fein?
  Und wenn wir singen oder uns Musikanten wunderbare Lieder schenken
  um unsere Gedanken sanft und milde zueinander zu lenken?
Kann uns ein Weihnachtsmann je so in eine Harmonie entführen
als hätten wir ein Stell-dich-ein vor des Paradieses Türen?
Also seht euch um und besonders eure Partner und Freunde an
denn an denen ist viel mehr als an einem Weihnachtsmann dran
und sollte mal eine(r) davon wie ein Knecht Ruprecht (Rute-schwingend) die Runde machen
so nehmt Sie / Ihn in den Arm mit einem Lachen
denn dann wird auch aus einem unwirschen Grummeln ein liebes Wort
und jagt sowohl eitle Weihnachtsmänner wie auch üble Launen fort.

Küchenszene zur Weihnachtszeit

Wie sie mich anschaut während sie den Stollen in eine Form drückt
und sich dabei mit einem Seitenblick neckisch über das Gebäck bückt
oder wie sie mich mit einem – sagen wir: prüfenden – Blick ermahnt
nicht herum zu stehen während sie sich einen Weg durch die Küche bahnt
zeigt mir, dass sie meine Schwächen gründlich versteht
und doch mit einem Lächeln darüber hinweg geht
mit so einem Blick: „Du kannst dich nicht vor mir verstecken
ich kann alle deine kleinen Ausflüchte schon vorab entdecken"
- doch da ist in jeder ihrer Gesten auch ein sanftes „Es ist gut
schenken wir einander Geborgenheit und Mut
und du musst dazu auch nichts sagen
weil wir uns im Großen wie im Kleinen des Alltags liebevoll tragen."
Und das alles macht sie mit einem kurzen Blick
und gibt mir so jeden Moment als Geschenk zurück
- ihr meint, dass sei übertrieben und nicht Realität?
Weil es scheinbar viel zu einfach geht?
Doch ihr müsst Sie mal sehen wie sie mich ansieht und über den Kuchen bückt
und das Gebäck dabei so energisch wie sanft in die Backform drückt.

Diplomatie – nicht nur an Weihnachtsfeiertagen

Man hat seinen Kindern zwar vieles beigebracht
aber nicht immer genug wie man das Wichtigste richtig macht
denn gerade zu Weihnachten bewährt sich die hohe Kunst der Ehe-Diplomatie:
Also sage zum Partner möglichst nicht: „Mit dir klappt das heute nie."
sondern besser: „Lass' uns das zusammen schaffen
und uns gemeinsam auf den Weg machen."
oder „Da warst du ja wieder so hilfreich wie eine Ziege im Ziergarten"
sondern besser: „Liebling, jeder Versuch ist besser als untätig abzuwarten."
oder: „Schatz, ich weiß ja, du bist lieb – nur nicht zu wem."
sondern besser: „Küss mich – dass wir uns wie in einem sanften Tanze dreh'n."
oder: „Wenn man mit dir zusammen ist wird der Bestand an Schutzengeln rar"
sondern: „Mit deinem stürmischen Temperament wird manches ganz wunderbar."
oder: „Schön, dass du alles hast – aber du musst mehr an Andere denken."
sondern: „Lass mich dir helfen allen einen wunderbaren Tag zu schenken."
oder: „Was stopft du wieder das Essen so hastig in dich hinein"
sondern: „Jedes Essen kann etwas Besonderes sein."
oder: „Deine negativen Sichtweisen habe ich satt"
sondern: „Denke positiv - sonst bist du nachher schon vorher matt."

oder: „Reiß dich zusammen – hänge nicht so apathisch herum"

sondern besser: „Ruhe erst mal – und nimm mir meine Ungeduld nicht krumm."

Oder „Na du kommst aber mit einer miesen Laune heim."

sondern besser: „Es ist interessant auch mit deinen Macken zusammen zu sein."

oder: „Schaue jetzt nicht so auf Brust, Po und Bein."

sondern: „Das Äußere ist nichts gegen unser kommendes Zusammensein."

oder: „Dein Schweigen spricht mal wieder über dein Gewissen Bände"

sondern: „Erzähle später was war – nimm mich jetzt erst mal in deine Hände."

Oder: „Was bist du nur wieder so pampig, dass jeder Gaul vor dir scheut."

sondern: „Was kann ich tun, dass dich der Tag und Abend freut?"

- und so bewahre man sich stets die hohe Kunst der Ehe-Diplomatie

mit der Hoffnung, diese wunderbare Gabe verliere sich nie

wobei ich darüber schweige, wer bei uns mehr zum „oder" und zum „sondern" neigt

da sich auch bei uns Geduld, Sanftheit und Optimismus nicht gleich verteilt

- und wenn du dich nun fragst: Wie ist bei mir so manch eheliches Gesprächsgefecht?

dann flüstere dem Gatten zuerst zu: „Ja Schatz, du bist toll - und hast immer recht."

Ein Dialog in der Küche kurz vor Weihnachten

In der Küche sehe ich dich noch putzen

und muss einen kurzen Moment stutzen

wie rasch auffindbar nun alles aussieht

weil es wieder eine übersichtliche Ordnung gibt

wobei ich einen erheblichen Anteil am vorherigen Durcheinander habe

weshalb ich selbstkritisch konstatiere: „Für Küchenordnung habe ich keine Gabe"

was jedoch das Herz der Allerliebsten in Sekundenbruchteilen in Wallung bringt

daran erkennbar, wie sie mich fixiert und welcher Unterton in ihrer Stimme mitschwingt

als sie antwortet: „Mein Lieber, komm du mal her

und ich zeige dir

was für Gaben du hast

wenn du deine Talente wirken lässt"

- und so stand ich sogleich artig bei ihr

und sie sagte nur: „Nun folge mir"

und es folgte ein Intermezzo an der Wohnung bequemsten Ort

und alle Haushaltsfragen waren weit fort

bis sie mir nach einer Ruhepause lächelnd beschied:

„Und jetzt kommst du wieder mit in die Küche, denn das hier ist – auch vor Weihnachten - noch nicht das Ende vom Lied."

Botschaft

Advent, Advent, ein Lichtlein brennt
die Zeit bis Weihnachten ist knapp und rennt
doch Weihnachten möchte ich wieder ein Geschenk auswickeln
genießerisch und langsam und mit einem freudigen prickeln
also hoffe ich ein buntes Schleifchen aus Stoff um dich zu lösen
das Geschenk innig zu betrachten und zu genießen ohne zu dösen
denn ich hoffe, du wirst dich mir wieder ganz zart schenken
und mit einem Schleifchen um den Bauch all meine Sinne auf die lenken
damit wir in Liebe und Geborgenheit zusammen sind
- als die schönste Botschaft vom Christuskind.

Weihnachtsmänner und -frauen

Weihnacht, Weihnacht überall
so ertönt der Engel und Bengel Schall
doch hat dies bisweilen auch einen misstönenden Hall
denn Einsicht – es muss ja nicht Nächstenliebe sein – bleibt auch jetzt ein zu rarer Fall!
Denn beim Geben statt Nehmen wird den Reicheren das Herze meist hart
und eine Verachtung auf Schwächere ist oft zu spüren, wenn auch gut getarnt
und so kommt die stille Frage so eindringlich wie ein Posaunenklang:
Was gibt es zu Weihnachten an Einsicht und Mitgefühl, wie und wann?
Und was sind das für politische Weihnachtsfrauen und -männer
die den Egoismus preisen als angeblich marktentscheidende Dauerbrenner?!
Schwätzen laut, Wohlstand und Freiheit sei durch Fleiß für jeden zu erreichen
Beziehungen, Erbe, Denkfähigkeit – darin würden sich die Menschen gleichen?
Und deswegen reiche eine „gewisse Startchancengleichheit"
mit einem minimalen Staat wie ein dünnes Flatterkleid
das nicht mal den Hintern der Missachtung bedeckt
damit die Kürze den Reichen schmeckt
denn wer arm sei verdiene auch seelisch zu frieren
jeder könne ja auch anders und sich wie viele Reiche mit wenig Arbeit zieren!
Also bleibt alles beim Alten und „kapitalistische Weihnachtsmänner" haben das Sagen
und man kann diese Sippschaft nicht wirklich achtungsvoll ertragen
denn sicher können wir manchen zur Rede stellen und mal verjagen
doch haben sie die Macht des Geldes - und so müssen wir uns weiter mit ihnen plagen
hoffend, dass wir vieles bald vergessen, was wir da hören und sehen
und all die Eitelkeiten und Überheblichkeiten verdrängen und zügig verwehen
damit wir es genießen können: Weihnacht, Weihnacht überall
als der Kinder, Engel und Bengel süßer Schall.

Geistig und seelisch dünn

So kann es nicht bleiben:

Die Weihnachtsgeschichte ist umzuschreiben

denn neben Stallsuche, Geburt, Engeln, Myrrhe, Weihrauch und Gold

ist die eigentliche Botschaft: Liebe und Mitgefühl seien allem Menschen hold

um täglich Achtung und Herzlichkeit zu den wahren Lebensgrundlagen zu erheben

statt mit materiellen Dingen und Ritualen vor der Krippe ein Geltungsbedürfnis zu pflegen

um dann morgen weiter zu ziehen und wieder zu gieren und auf andere herabzublicken

in einer Mischung aus Berauschtheit am eigenen Ansehen und Entzücken

- deshalb wäre die Weihnachtsgeschichte besonders bei den heiligen drei Königen umzuschreiben

denn die Geburt markiert Liebe und Vergebung – so soll es bleiben

und die drei Könige sind mit ihrem Reichtum nur ein allenfalls nettes Beiwerk oder Rahmen

wobei jedoch Geld und Geltung für so manche „Christen" die wichtigsten Ereignisse sind

und waren.

Auch Väter sind zu achten

Maria hat es zu höchstem irdischem Ansehen gebracht

doch Josef hat es nie auch nur annähernd so weit geschafft

was vielleicht die Sicht in etwas falsche Richtung lenkt

wenn man die Geschichte so recht bedenkt:

Zwar erhielt Maria das Kind

vom himmlischen Vater vermutlich recht geschwinde

doch der war im Zeitraum der Geburt zunächst so unsichtbar wie ein Wind

also blieb im ersten Moment nur der Josef als Ernährer für das Kind

was Maria in der Situation gerade zupassekam

hielt doch der Josef sie bei Laune und warm

zumal der Josef mit festem Beruf auch Geld verdiente

und fortan für das Kind den guten Vater spielte

wobei der richtige Vater des Kindes als Zuschauer im Himmel saß

während der Josef das harte Brot des Ernährers aß

- also sollte man auch der aufopfernden Rolle des Josef gedenken

und einen herzlichen Dank in seine Richtung lenken

und nicht nur Maria und das Kind in der Krippe betrachten:

Denn auch die Ernährer der Kinder sind zu achten.

Adventskerze

Advent, Advent

so manche/r hängt

an hoffnungsvollen Gedanken
die um ein weihnachtliches "du und ich" sich ranken
und hängt daran und baumelt still
formt Fantasie-Leben wie sie (er) es will
um tief in sich eine eigene Welt zu erschaffen
damit dort weniger Risse und Abgründe klaffen
gedanklich frei von all den Unzulänglichkeiten der Welt
damit es nicht die Seele zu sehr zerkratzt und gefangen hält
und ein wahres Leben gelingt gegen alle Gleichgültigkeit
nicht durch Enttäuschung zerbrochen und entzweit
- und so ist es vielleicht eine Kerze im Advent
in der das Licht einer schönen Welt hell brennt.

Adventszeit

Advent, Advent
ein Menschlein hängt
an süßen Gedanken
die um eine Sie (oder Ihn) ranken
und da hängt es lange und baumelt still
spuckt Gedichte und Worte aus wie es will
um einen Blick auf sie (ihn) zu werfen
und sich ganz in ihr (ihm) zu vertiefen
- doch halt: Manchmal ist es besser, es verfliegen diese Fantasiegebilde
denn sie (er) ist bisweilen weder zart noch sinnlich noch herzlich noch milde
sondern ein erschöpfter oder egoistischer Plagegeist am Tage und in der Nacht
und hat sie/ihn schon um Geld, Zufriedenheit und Schlaf gebracht
- also ist es besser man begeht den Advent in nüchterner Besinnlichkeit:
Erfreue dich auch an dir selbst – dafür sei jetzt Zeit.

Wie es mir geht

Wie geht es mir schlecht
     ist meine Frau mal krank oder richtig müde
weil dann ist Vieles nicht so wie ich es möcht`
     und das bedeutet Mühe.
Denn wenn ich ihr z.B. ein gut gefülltes Weinglas hinstelle
     so nippt sie nur daran und ich muss den Rest leeren
oder wenn ich ihren Kuchenteller und ihre Kaffeetasse gut fülle
     muss ich meinen Magen auch noch mit ihren Köstlichkeiten beschweren.
Und wenn ich einen saftigen Leberkäse frisch gebacken habe

so schafft sie kaum etwas und das größte Stück bleibt für mich
und wenn ich möchte, dass sie sich an Joghurt und Quark labe
dann sagt sie oft: „Schatz, ich kann nicht mehr – das ist nun leider für dich."
Und wenn sie ermattet schon auf dem Sofa in einen leichten Schlummer sinkt
so zieht sie zumeist die Wolldecke über sich
und ich muss sehen welche Fortbildung samt Schnäpschen auf meinem PC winkt
denn da ist ja keine Wolldecke mehr für mich.
Und wenn der zu bügelnde Wäscheberg sich schon stapelt, dass er wankt
dann ist es an mir ihn zu stabilisieren
denn wenn sie – was sehr selten ist - mal erkrankt
muss ich bei einem Gläschen Sekt und Musik das Bügeleisen ein wenig führen.
Doch Weihnachten konnte ich stets zart und festlich gestimmt dem Ereignis entgegensehen
denn jeweils rechtzeitig entschied sie: „Ich bin jetzt wieder gesund
denn ich muss hier die Zügel wieder straffer in die Hand nehmen"
und so leuchten die Kerzen und der Christbaum jedes Jahr warm und bunt.

Weihnachtsgeschenk

Weihnacht ist bald überall
was schenke ich Dir? Schöner Worte Schall?
Doch das Präsent habe ich dir schon öfters gemacht
- habe ich dich mal mit einer Verführung mit Folgen bedacht?
Das passt doch gut zum Fest eines feinen Kindes
- glaube mir: Das Geschenk bringt es
du musst dich jetzt nur noch bereit dafür sein
und in 9 Monaten hast du ein Geschenk, süß und klein
du zögerst? Willst du das Geschenk nicht haben?
Oder sehe ich da in deinen Augen ein: Her mit meinen Gaben?

Heimkehr

In einer Stille einkehren
einander Geschichten und Berührungen bescheren
Frieden und Ankunft geben und finden
geduldig lose Enden verbinden
sich liebend zueinander neigen
behutsam zusammen verweilen
mit der Macht und Fracht, die man in sich trägt
auch füreinander, dass keiner verloren geht
- so werde Weihnachten zu einer Heimkehr:
Das wünsche ich dir / euch sehr.

Weihnachtsfeste vom Jahre 0 bis 2018

Turbulent ging es schon vor 2018 Jahren zu
denn hochschwanger und ohne Herberge – da war im Jahre 0 ein junges gestresstes Paar ohne Ruh'
doch so manchem – damals in Form eines Gastwirtes – war die Situation (wie auch heute noch) egal
denn schließlich galt seit jeher: Auf der Welt gibt es überreichlich Not und Qual
und all das mit einem Herzen stets aufzunehmen vermag man als Einzelner nie
es würde die Seele erdrücken wie eine Lawine - hätte man nicht die Überlebensstrategie
sich auch mal durch Vergessen vom Schmerz der Welt zu befreien
- wer könnte sonst auch nur einen Moment sanft in sich geborgen verweilen?
Also treibt es in jedem Moment viele erschöpft und enttäuscht irgendwo hinaus
auf irgendeiner Straße vorbei an so manch heimelig erleuchteten Haus
und so war es schon damals und so ist es noch heut'
stets hat der übermächtige Zufall Glück und Leid blind über die Welt verstreut
womit der eine reich beschenkt und der andere arm und kaum beachtet ist
je nachdem, ob du in einem Kuhstall oder einer besseren Welt geboren bist
weshalb man Weihnachten als ein ganz besonderes Geburtstagsfest annehme
dass durch eine Hoffnung auf Liebe der zerrissenen Welt neue Heilungschancen für alle gebe
denn stellt euch nur mal vor: Das wir es da draußen in einem zugigen Stall wären
- wie würden wir einem abweisenden Gastwirt bitten und von seiner Güte zehren?

Ein Weihnachtsgeschenk

Eines weiß ich genau:
Gebe dich mir zu Weihnachten, süße Frau
denn du wärst ein faszinierendes Geschenk
bei dem ich gerne alle Schleifen und Knoten aufband'
um dich behutsam aus deiner Verpackung zu nehmen
und ganz und gar frei vor mir liegend oder stehend zu sehen
staunend über der Natur nette Launen und Weisen
geschaffen für die herrlichsten Sinnenreisen
- also für Weihnachten wäre das doch nicht zu viel
so zum Ende des Weihnachtsabends für ein zartes Spiel
denn bei einem Blick in deine liebenden Augen
kann ich an einen gütigen Himmel glauben
und das nicht nur zur Weihnachtszeit
also komm – ich bin für das Geschenk bereit.

Auch du kannst das lernen

Ein Spruch, der geeignet ist, meinen Puls schlagartig zu erhöhen
lautet: „Auch du kannst Das lernen."
Denn dieser Satz schafft einen spannungsgeladenen Moment
weil Sie mir (es ist meist die eine Sie) knapp bedeutet: Ich hätte etwas verpennt
was Sie zumeist noch mit einer entschiedenen Geste unterstreicht
auf das meine wohlige Ruhe sogleich entweicht
zumal sich das angemahnte Lernen auf eine schweißtreibende Arbeit bezieht
vor der man als kontemplativ feinsinniger Mensch lieber flieht
gewiss, sie sagt es spontan, verschmitzt, offen und meint es gut
- aber weiß sie nicht, wie schön es ist, wenn man sanft in sich ruht?
Kennt sie nicht den Genuss still und doch reich bewegt in sich zu schweben
und jegliche Arbeit für längere Zeit wie ein Blatt Papier beiseite zu legen?
Und wenn dann noch der Satz „So schön wie du möchte ich es auch mal haben" folgt
ist es an der Zeit, dass man – also in dem Falle ich – der Sprecherin alle Aufmerksamkeit zollt
und setzt sie dann gar noch ein „Man kann es auch übertreiben" drauf
ist es endgültig an der Zeit und ich setze mich in Lauf
auch wenn ich noch leise äußere „Ich habe Zweifel das ich das kann"
so zerbröselt dieser Rest-Widerstand sofort an einem: „Aber ich zweifele nicht daran."
wobei Sie das dann schon mal mit so einem Blitzen in ihren Augen sagt
dass man – also ich – momentan besser keinen weiteren Widerspruch wagt
womit ich mir eingestehe: Mit der wunderbaren Ruhe sei nun Schluss
weshalb ich zur Tat schreite – ich gebe ihr erst mal einen langen Kuss
um mich dann nett und nah für häusliche Dienste bereit zu halten:
„Was soll ich denn alles rühren, kneten, formen, abwaschen, erhitzen und erkalten?"
Ach so, was das mit Weihnachten zu tun hat?
Der kleine Disput zu meiner Lernfähigkeit findet traditionell in der Weihnachtszeit statt
und der bevorzugte Ort des kleinen Dramas ist die Küche
- doch jedes Jahr freue ich mich erneut auf Sie, ihre Worte, die Kuchen und Gerüche.

Weihnachtliche Heimkehr

Freundlich einkehren
einander mit Liebe bescheren
Frieden und Ankunft schenken und finden
geduldig lose Enden verbinden
sich liebevoll zueinander neigen
und behutsam aufgenommen verweilen
mit der Macht und Fracht, die man in sich trägt
füreinander bereit, dass keiner verloren geht

- so könnte Weihnachten eine Heimkehr sein
wie ein sanfter Sonnenschein
symbolisiert durch Kerzenlicht
- oder erreicht dich diese Einladung nicht?

Weihnachtskrippe

Eine Menschengruppe, geschnitzt aus Holz
ein Stall, Eltern, ein Kind und drei königliche Besucher voll Stolz
bezeugen: Ein Leben hat gerade erst begonnen
vom Schicksal besonders ersonnen
voller Erwartungen auf den Gesichtern
flackernd beleuchtet von ein paar Kerzenlichtern
ein Beisammensein Liebender, Suchender, von Narren oder Weisen
offen, an einen Menschen zu glauben und diesen Moment zu preisen
um einen neuen Anfang gemeinsam zu finden
und sich liebend zu verbinden
ist auch der Ort unauffällig und schlicht
nur herausgehoben von einem warmen Licht
- so steht die Weihnachtskrippe unter unserem Baum
und die Figuren sind klein und verlieren sich fast im Raum
und ziehen uns doch immer wieder in einen Bann
- weil stets nur aus Liebe und Hoffnung etwas Gutes begann.

Bist du bereit – nicht nur zur Weihnachtszeit?

Wenn eine Frau (kann auch ein Mann sein) so richtig lieb ist
dass du verblüfft, hingerissen, fasziniert und noch mehr animiert bist
und dich so recht anstrengst um nur das Beste von der Welt zu glauben
weil es so schön ist ihre (seine) Blicke - und anderes - in sich aufzusaugen
dann kommen plötzlich Fragen
die man sich selbst kaum traut zu sagen
wie etwa die: Habe ich so viel Glück verdient
dass sie (oder er) mich so innig liebt?
Und kann ich ihr (ihm) mindestens das Gleiche geben?
Bin ich für den Anderen ein ebensolcher Segen?
Und wie schafft Sie (Er) es, meine Macken zu übersehen
und selbst über meine gelegentliche Faulheit mit einem Scherz hinweg zu gehen?
Und woher nimmt sie nur die Geduld, Grazie und Kraft
dass sie die Tage mit einem energischen Lächeln zu einem Fest für uns beide macht?
Und mit wie viel weisem Schweigen geht sie über Schwächen hinweg

dass ich mich frage: Wieso ist sie nur so nett?
Und wo hat sie ihre Erschöpfung und Seelenabgründe versteckt
dass sie so liebevoll die meinigen mit einer Umarmung überdeckt?
Ich will es euch sagen: Ich weiß es nicht, doch es freut mich sehr
darum umarme und küsse (usw.) ich sie und sage: Bitte mehr
und dass natürlich nicht nur zur Weihnachtszeit
sondern täglich – ich bin bereit.

Josef und Maria in einem zugigen Stall

Wisst ihr noch was auch eine Erfahrung von Josef und Maria war?
Die Verachtung Ärmerer – die war schon damals bei der Herbergssuche da
und so war schon vor tausenden von Jahren die Welt verkehrt
was uns auch heute immer noch schon ein kurzer Blick lehrt:
Da sind die einen die haben sich schon frustriert zurückgezogen
das Leben hat sie nirgends so richtig auf- und hoch gehoben
(gewiss, wir trösten uns oberflächlich, es sei ja ihr freier Wille, anders zu leben
denn es könne sich ja jeder auf eine reiche Stufe des Lebens zu heben)
und da sind die anderen mit einer schönen Leistungsfähigkeit
wie ein Geschenk des Himmels: Die Gesellschaft hat für sie viel Höflichkeit
und sie dürfen ihre Talente beachtet und angespornt entwickeln und einsetzen
müssen nicht aggressiv oder resigniert im Keller der Gesellschaft ihre Seele abwetzen
und da sind die mit des Geldes Stolz oder Arroganz und Macht
sie haben immer Recht: für sie ist die Gesellschaft am besten gemacht
denn mit ihren Anwälten und ihrer Wirtschaftsmacht sollte man sich nicht anlegen
sie sind es die bei der Herbergssuche entscheiden wem sie was geben
(oft durchdrungen von einem Selbstbild voll satter Selbstgerechtigkeit
denn ihr Blick reicht nicht bis zu den vielen Schwächeren und deren Leid)
und so werden ein Josef und eine Maria noch viele tausende Jahren weiterziehen
schaue doch mal eben vor die Tür: Sind da welche die bittend davorstehen?

Weihnachtlicher Sinn

Dein Weihnachtsgeschenk ist in zwei Worte zu fassen:
„Schulden erlassen"
denn dieser Gruß vermag wahrlich zu entzücken
wo Schulden auf eine Seele drücken
denn es schenkt zwar kein weiteres göttliches Kind, doch einen Neubeginn
und darin liegt ja auch ein greifbarer weihnachtlicher Sinn.

Geweihte Nächte

Drinnen Tannenduft
draußen glitzernde Winterluft
kalte Ohren und rote Nase
Freude auf die Wärme zu Hause
dazu den/die Liebste(n) im Arm
kuschelig, besinnlich und warm
voll sanfter Innigkeit
erfüllt von schönster Geborgenheit
- war es das was dir die Tage brachten
zu Weihnachten?

Endlich

Bereits die dritte Kerze brennt
schon der dritte Advent - nun aber nicht mehr gepennt
denn wenn du noch nicht alle Geschenke und Zutaten hast
dann renne nun los damit du Weihnachten fertig bist
- denn fehlt nicht zum Essen noch ein alter Karpfen oder eine fette Gans?
Sprühdosen-Tannenduft oder ein im Sekundentakt blinkender Lichterkranz?
Oder ein von Butter schwerer Kuchen oder ein Kasten Bier?
Für Ihn noch ein technischer Apparat und für Sie noch ein Diamant zur Rettung ihrer Zier?
Sollten dir also solche Dinge noch fehlen
musst du nun rennen und deine letzten Kröten zählen
- wenn du das aber so nicht brauchst: Dann genieße die Ruhe
und verschenke mal Geborgenheit und Liebe.

Lieber Weihnachtsmann

Leider kann ich dir nicht alles was ich will auf den Wunschzettel schreiben
denn du setzt Grenzen – mancher Traum muss also Traum bleiben
denn es sind bisweilen Wünsche mit vielen ungestümen Bildern
geschaffen um durch meine Gedanken und Sinne zu wildern
und würden sie erwachen: Es wäre nicht alles geeignet, sich ruhig zurecht zu legen
sondern ein Orkan, zu wild um nur Muße und Entspannung zu pflegen
- so hast du, lieber Weihnachtsmann, in tieferer Einsicht beschlossen
manches als Wunsch für deinen Zettel nicht zuzulassen
und nur ab und zu erzähle ich mir still von diesen Gedanken
und genieße, wie sie stürmisch aufleben und ranken.

Engelsgeschenk

Auf meinem Wunschzettel hatte ich nur Dich aufgeschrieben
das Christkind verstand's - jetzt darf ich dich lieben
und all die Sachen mit dir machen
bei denen Engel johlen und lachen
auch wenn sie wegsehen um nicht zu stören
- lass' dich einfach - oder raffiniert - betören.

Weihnachtliche Chance

Mit Hoffen begonnen
und mit den Jahren verronnen:
So begeistert manches in der Jugend ganz enorm
besonders die eine oder andere verlockende Form
verbunden mit der Lust und Kraft einer jungen Seele
auf dass man einander munter erwähle
- doch mit den Jahren ändert sich das
denn man wird dürr oder ein Fass
und der Satz: „Du hältst dich aber noch gut"
macht bisweilen mehr Kummer als Mut
und der Bauch ist schon seit längerem kein „Brett"
und das, was sich sonst noch wölbt, auch nicht mehr so adrett
und da und dort leiern die Gelenke schon knackend aus
und bei manchem Liebessturm kommt ein Stürmchen heraus
während die Träume weiterhin munter an einer Realität herum basteln
auch wenn sie sich an deren Unvollkommenheiten zunehmend verhaspeln
bemüht, eine betrübliche Laune mit viel Erfahrung in eine Bessere zu verwandeln
und wegen der äußeren Zerknitterung mit Pillchen und Cremchen mit dem Schicksal zu
verhandeln
man möge doch noch ein hübsches „Angebot" im Schaufenster der Eitelkeiten bleiben
- doch du weißt, mit der Zeit wird dein Preis zunehmend an Verfall leiden
bis du dich irgendwann selber leise vom Markt der Eitelkeiten nimmst
und eine Art von Ruhe, Gelassenheit und Frieden gewinnst
- wobei für dieses Vorhaben jene Zeit besonders geeignet ist
in der du von Liebe, Freundlichkeit und köstlichem Essen gesättigt bist
womit dann jede Einsicht über dich und andere besonders sanft ausfällt
von Plätzchenduft, Umarmungen und Lächeln umhüllt
anzutreffen besonders zur Weihnachtszeit
- halten wir uns also für den Termin viel Zeit bereit.

Weihnachtsgrüße der anderen Art

Man faucht sich an und schlägt sich
man erduldet sich oder erträgt sich
knurrend und lästernd unter dem Weihnachtsbaum „vereint"
weil in jedem eine Erschöpfung und Ängstlichkeit keimt
denn es ist die Zeit wo sich auch viele Verletzungen zeigen
also dann: Frohes Fest – und wenn nicht: Lasst uns heute wenigstens über menschliche
Untiefen schweigen.

Begegnung

Warum niemand je den Weihnachtsmann sah
hat einen Grund - weil folgendes geschah:
Es kurvte einst schwer beladen der Weihnachtsmann
mit seinem Schlitten durch den winterlichen Tann
da traf er eine Frau, einsam im Wald, doch nett und schön
"brrrr", blieb er mit seinem Schlitten steh'n:
"Was machst du hier allein im Wald?
Ist doch ein bitteres Wetter, trüb und kalt?"
"Das stört nicht - den Wärme, lieber Weihnachtsmann
ist nicht nur in Häusern, sondern in meinem Herzen drin
und außerdem sieht deine Nase auch ziemlich gefroren aus
du bräuchtest auch jemanden, der mit dir eine Wärme zu teilen weiß."
"Das stimmt" und es reichte ihr die Hand der Weihnachtsmann:
"Begleite mich - dann bin auch ich glücklicher dran
und setze dich zu mir und kuschle dich auch mal an
wir reisen von nun an gemeinsam auf diesem Gespann."
Und seitdem schmeißt der Weihnachtsmann die Geschenke frohgemut
eilig durch Kamine – er hat keine Zeit mehr, denn der Himmel ist nun so anstrengend wie gut
und darum hat seitdem kein Mensch ihn mehr gesehen
- so ändert eine kurze Begegnung das Weltgeschehen.

Schwierige Geschenksuche

Weihnachten – vier Wochen sind es noch
Geschenkideen? Die liegen noch unentdeckt in einem tiefen Loch
also kreisen die Gedanken auf der Jagd nach Ideen
um Weihnachten frohgemut entgegen zu sehen
denn schließlich brachten sogar Könige Geschenke vorbei
nur den Hirten auf dem Felde war vor 2016 Jahren die Schenkerei noch einerlei
ihnen reichten eine gemeinsame Zeit und herzliche Verbundenheit

eine so wichtige - wie bisweilen seltene - Gabe schon zu jener Zeit

und so kam es, dass die Hirten blieben, die Könige zogen rasch weiter

den hohen Herren war das Leben im Kuhstall war wohl nicht genug heiter

oder der Teil der Geschichte wurde im Nachhinein erzählerisch überfrachtet

als Hinweis, es wäre doch nett, wenn bisweilen ein Mächtiger einen Schwachen mehr achtet

- doch kehren wir zurück zum heute drängenden Gedanken:

Was könnte man zu Weihnachten wohl Nettes schenken?

Denn es muss etwas sein mit Bedacht erwählt oder gemacht

so recht mit Sinn, Liebe und Freude gestaltet oder ausgedacht

als Ausgleich dafür, war man mal wieder muffig, gereizt, belehrend oder überheblich

unaufmerksam, besserwisserisch, penetrant oder sonst-wie fürchterlich

- doch mit Geschenken wie Myrrhe und Weihrauch ist heute kein Fest mehr zu retten

mit Gold schon eher – als Vorsorge für die Jahre: Die vielleicht irgendwann nicht mehr so fetten

aber Goldiges und Duftendes finde ich inzwischen zu unpersönlich und fade

und gerade das mit dem Gold überlegt man es sich sehr genau als sparsamer Schwabe

und doch soll mit einem Geschenk zu Weihnachten Gutes neu beginnen

damit die Herzen wieder zu sich, zueinander und somit nach Hause finden

denn wer kann schon sagen, dass er im letzten Jahr nicht auch mal ruppig und übel drauf war?

Und einander keineswegs in Freude und mit gebührender Nachsicht nah?

Darum schenke ich dir etwas täglich Neues: Mich – das ist doch nicht abzulehnen!

Doch warum nimmst du dies Geschenk mit einem so fröhlichen wie geduldigen Schweigen entgegen?

Weihnachtliches Geburtstagsfest

Was mir das Christkind bringe

für die Zeit weihnachtlicher Stille?

Zwei Gummibärchen

zwei Pralinchen

und ein Schluck Wein

mit einem Kekse frisch und fein:

Damit ich das Bärchen auf deinem Busen platziere

mit Weintropfen deinen Bauchnabel verziere

deine Beine mit Pralinen schmücke

und mit dem Keks mich an raffinierter Stelle entzücke

- wenn ich die Pralinen sanft von dir fische

und nicht nur den Keks mit meiner Zunge erwische

- was uns jetzt und in den Folgen der himmlischen Geschichte einer Geburt und Liebe näherbringt als es so manche fleißigen Kirchgänger sind.

Dein Gesicht

Der Weihnachtsmann hatte sich kurz an einen Baum gelehnt
den angefrorenen Schnee mit der Hand von der Mütze gefegt
in einer Pause voller Fragen: Wozu rannte er Jahr um Jahr durch die Welt
in der sich so manche und mancher für besser als andere hält
dabei die Liebe und Zuneigung harsch wie unter Eis begräbt
und wenig weihnachtliche Gedanken in sich trägt?
Worauf er seufzte und eine kleine Kerze vor sich in den Schnee stellte
sie anzündete das sie ihm die Hände wärmte und die Nacht erhellte
und während die kleine Flamme flackernd sich streckte
geschah es, dass dies Licht Erinnerungen in ihm weckte
so dauerhaft wie die Falten auf seinen Händen eingegraben
von denen die meisten mit Liebe und Mühe gewachsen waren
und so wollte er auch keine davon vermissen
auch die nicht, die sich mit Enttäuschungen vermischten
wenn eine Bitterkeit wie Säure in ihnen brannte
woran er die Abgründe der Angst und Verletzlichkeit erkannte
und viele Erinnerungen brauchten etwas von dieser warm leuchtenden Kerze
die sich gut und beständig gegen Dunkel und Kälte wehrte
- "Los jetzt" sagte er sich, keinen Augenblick länger wollte er nun stillstehen
und so tun als gäbe es nicht so viele Gründe auf andere zuzugehen
also hat er den schweren Sack wieder über die Schulter geworfen
damit die Liebe, Liebenden und ihre Gaben nicht länger warten
und er stapfte wieder los mit einem Lächeln im Kerzenlicht
- hat der Weihnachtsmann vielleicht sogar dein Gesicht?

Glocken

Es ist schön zu sehen wie Glocken schwingen
- auch wenn diese Glocken nie erklingen
und es ist nett den Glocken Bewunderung entgegen zu bringen
selbst wenn sie nur still hängen und kein Lied singen
denn bei ihrem Anblick bin ich von angenehmen Erwartungen erfüllt
weil sich nach einer Wartezeit eine Türe öffnet und ein Vorhang fällt
- es sind natürlich die verschiedenen Glocken und Glöckchen der Weihnachtszeit
die ich meine und die uns zurufen: Seid zur festlichen Bescherung der Liebsten bereit.

Nachher

Der Weihnachtsmann stand an einen Kiosk gelehnt
ein heißer Tee – danach hatte er sich schon eine Zeitlang gesehnt
denn seit mehreren Stunden war er durch die kalten Straßen gezogen
hatte bei Erwachsenen und Kindern mit Schokolade geworben
für eine Konditorei für 6 Mark die Stunde - das war sein Gehalt
müde war er geworden und fühlte sich für seine jungen Jahre etwas zu alt
aber es musste noch Geld für die Weihnachtstage verdienen
denn die Bank hätte ihm nur etwas gegen räuberischen Zins geliehen
als ein Kind zu ihm trat und ihn am roten Weihnachtsmantel zupfte
"Bist du echt?" Worauf er sich sinnend an seinem Ärmel rupfte
"Wenn ich dir eine Freude machen kann - dann bin ich echt"
und er gab ihm eine kleine Schokolade im abendlichen Licht
"Aber das geben mir meine Eltern auch" zweifelte das Kind
"Ja - weil sie dir mit ihrer Liebe nahe sind
und dir deshalb auch mal Schokolade schenken
um dir zu zeigen, wie sie an dich denken
weißt du: Wir sind dazu da um uns zu lieben
uns anzunehmen und nicht einander weg zu schieben
und deshalb bin ich echt – so, diese Schokolade ist für dich
und wenn du mal Angst oder Kummer hast so denke an mich"
und überrascht über seine eigenen Worte blieb der Weihnachtsmann stillstehen
lächelnd - ja, nachher werde ich sie alle zu Hause fest in die Arme nehmen.

Engel am Weihnachtsmorgen

Wie man einen Engel weckt
den man morgens neben sich im Bett entdeckt
und der doch aufwachen muss, weil am Tag noch so viel zu machen ist
weil du weißt, dass du ohne diesen Engel am Weihnachtsmorgen verloren bist
dann küsst du ihn am besten erst mal auf den nackten Bauch
so etwas weckt einen Engel meist mit einem kurzen Schrei auf
und wandert dann der Kuss rechts und links ein Stück hinauf
dann wird ein weiblicher Engel richtig munter mit einem tiefen Schnauf
fängt an zu gestikulieren und zappelt mit einem: „Hör auf
sonst nimmt der Morgen einen zeitraubenden Lauf"
- aber nun kannst du sicher sein: Sie ist erwacht
was sie – wenn du Glück hast - zu einem fast himmlischen Wesen macht
(vorausgesetzt, sie hat die Engelsgabe in sich noch nicht verloren
mit dem sie einst ward geboren).

Fügung

Der Weihnachtsmann
war diesmal wirklich sehr spät dran
weshalb er mit seinem Schlitten raste - und so war es passiert:
Die Elche rannten ungestüm und er hatte sie vor der Kurve nicht pariert
und der Schlitten hatte erst heftig geschaukelt und gewippt
und war dann in einer Kurve umgekippt
- darum lag der Weihnachtsmann nun tief im Schnee
und schnaubte unwirsch, doch der Schnee war weich, es tat nicht weh
aber die Geschenke - sie lagen weit verstreut
und der Weihnachtsmann hat nun seine Eile bereut
denn er musste die vielen Geschenke wieder mühsam auflesen
die Engel? Die waren gerade auf der Suche nach braven Menschen gewesen
also musste er alleine die Geschenke wieder sortieren und auf die Kutsche laden
die dank himmlischer Kräfte alsbald erneut auf den Sitzen lagen
nur ein Geschenk - eine Kunstblume, eine Rose - hatte er übersehen
und so konnte der Schnee rasch darüber wehen
doch im Frühjahr als der Schnee verschwand
geschah es das ein Paar - gerade mürrisch miteinander - die Rose fand
sie aufhob und überrascht sich umarmend einander drückte
- womit das verlorene Geschenk von allen vielleicht am meisten beglückte.

Geschenk

Weihnachten – und du willst mir was schenken?
Da weiß ich was Nettes: Ich darf dich reichlich mit Küssen bedenken
also nicht nur so flüchtige und kurze auf die Wangen
sondern 10 Minuten und länger mit Genuss und Verlangen
als Kuss-Serie die bei deiner Stirn beginnt
und alsbald weiter hinab über dich rinnt
um da und dort ein wenig zu kreisen
und eher versteckte Landschaften zu bereisen
und du bleibst still sitzen in meinem Armen
gebadet in Wogen die dich wärmen
und weil ich nur einen Mund habe dürften meine Finger zur Hilfe eilen
um noch etwas länger an einer geküssten Stelle zu verweilen
wie ein Strom der sich mal langsamer, mal schneller über dich ergießt
hier wie ein Bach und dort wie ein Wasserfall fließt
- also würdest du mich um ein Geschenk fragen
so würde ich dir ganz leise etwas mehr zu diesem sagen.

Ankunft

Das musste doch nicht sein: Am Weihnachtsvormittag dichter Regen
und von dem Schnee waren keine Reste geblieben
so war er unter seinem Regenschirm geduckt losgelaufen
um für die Weihnachtstage noch fehlende Lebkuchen einzukaufen
als er vor einem Geschäft auf zwei Kinder traf
von denen jedes lange Blicke durch die Scheibe in den Laden warf
und die Kleidung der beiden wirkte klamm und nass
auch waren ihre Gesichter recht still, angespannt und blass
und von den beiden Kindern etwas irritiert trat er in den Laden ein
- was mochte wohl der Grund für das Warten der Kinder da draußen sein?
Doch im Geschäft hatte er sie fast schon vergessen
so kaufte er voll Vorfreude eine Tüte mit süßem Essen
und dann noch eine Spielzeugeisenbahn und Bausteine
die wären für seine Kinder bestimmt noch eine zusätzliche Freude
nun ja, die hatten zwar eigentlich zu Weihnachten schon genug Sachen
doch vielleicht war mit diesen Dingen ihnen noch eine weitere Freude zu machen
und so trat er mit seinen Tüten aus dem Geschäft wieder hinaus in den Regen
und blieb erneut verwundert vor den zwei Kindern stehen
und fragte sie besorgt: "Ist euch nicht kalt - auf wen wartet ihr denn?"
"Auf unsere Mutter - sie arbeitet noch eine halbe Stunde da drin."
"Aber warum hier draußen - ihr friert schon. Geht doch rein ins Warme."
"Nein, das sollen wir nicht - das hat der Geschäftsinhaber nicht gerne."
Erstaunt und um für sich selbst etwas Zeit zu gewinnen um nachzudenken
sagte der Mann: "Na, dann werdet ihr euch ja nachher sicher reichlich beschenken."
Worauf das größere Kind sprach: "Mutter sagt, es wird nicht viel sein
sie verdient zu wenig - unsere Geschenke sind wie im vorigen Jahr klein."
Darauf der Mann: "Kinder, ich möchte euch eine heiße Schokolade kaufen.
Ich werde eure Mutter um Zustimmung bitten - dann können wir rüber ins Kaffee laufen"
worauf die Mutter nach dem Gespräch den Kindern durch die Scheibe zustimmend zunickte
und der Mann sich mit den Kindern ins Kaffee setzte das sich jedes mit einer heißen
Schokolade erquickte
und als die Mutter nach einer halben Stunde mit dem Ende der Geschäftszeit kam
saßen die Kinder schon bei der zweiten Schokolade und einem Eis fröhlich und warm
"Mama, der Mann ist schon gegangen, wir sollen dich grüßen
du sollst die zwei großen Tüten nehmen, sie stehen hier an unseren Füßen
und er sagte noch, seine Familie bräuchte das wirklich nicht mehr
wir sollten es für Weihnachten nehmen - das freue ihn sehr."
Und so gingen an diesem Tag alle vier freudig und zufrieden nach Hause
und es war für jeden wie eine glückliche Ankunft nach einer langen Reise.

Über die weihnachtliche Wirkung eines Knollenblätterpilzes

Als Nikolaus die Weihnachtsgeschenke einpackte
geschah's, dass er dabei einen Knollenblätterpilz entdeckte
nein, dachte er - das kann kein passendes Geschenk sein
denn wer dies einem andern schenkt ist schnell allein
aber andererseits, er ist in meiner Geschenkekammer
also muss er mit, er sorgt bestimmt für keinen Jammer
und soll nur irgendeines Sammlers Arsenal ergänzen
und keines Ehegatten Leben erst würzen und dann verkürzen
und so ging Nikolaus mit seinem Rucksack auf die Runde
dass sich für jeden ein Weihnachtsgeschenk darin finde
und kam dabei - der Rucksack war bis auf eine Axt und den Pilz geleert - bei einem Ehepaar
vorbei
das war sich seit Jahren gram und nur beim Streiten nicht einerlei
und so legte er mit einem Seufzer die Axt vor die Tür neben die Schuhe
und den Knollenblätterpilz dazu für des Festes Überraschung und Ruhe
und - um es kurz zu machen - die Frau mischte den Pilz in des Gatten Festtagessen rein
und der haute im niedersinken mit der Axt aus Protest noch in sie hinein
worauf nun beide verstorben am Weihnachtsabend vor Gott standen
und dieser sie fragte: „Warum habt ihr in eurem Leben so wenig gefunden
dass ihr so bitter vor mich tretet mit Gift und Axt in der Hand
- hattet ihr denn keine Liebe für euer eheliches Band?
Habt ihr denn gar nichts von eurem schönsten Lebenszweck verstanden
dass euch die Liebe und das Zartgefühl soweit entschwanden?
Deshalb sollt ihr jetzt trotz des Schmerzes nochmals auf die Erde gehen
und zusammen lernen, euch zu lieben und verstehen
und du, Frau erziehst nicht ständig am Manne herum
und du Mann, bist künftig galanter und nicht so stumm
und er soll mit der Axt täglich das Holz für den Ofen hacken
und sie ihm bekömmliche Pilzsuppen kochen."
Und so gab Gott gab ihnen die verlorene Erkenntnis der Schönheit der Liebe nochmals mit
dass die beiden sich ansahen und verstanden: Unser Leben war völlig aus dem Tritt
- so saßen die beiden im nächsten Moment wieder unter dem Weihnachtsbaum
Arm in Arm und schön warm und mit dem Duft einer Pilzsuppe noch im Raum
und begannen erst jetzt wirklich zu leben als sie entdecken wie schön es ist zu lieben
sich öfter zu umarmen, aneinander teilzuhaben und sich zu geben
- aber natürlich wisst ihr: Die Geschichte ist übertrieben und auch so nicht geschehen
denn verstehen wir nicht alle uns zu lieben und nachsichtig miteinander umzugehen?

Der ganzjährige Weihnachtsengel

Auf der Vitrine stand seit Dezember mit einer Kerze in der Hand der Weihnachtsengel
und es war inzwischen April und noch immer lächelte würdevoll der geflügelte Bengel
als ein energisches Haushaltsmitglied sagte: "Jemand" sollte es bei Gelegenheit nicht versäumen
den Engel in den Keller zu bringen und samt der Weihnachtskiste wegzuräumen
doch - es kam kein "jemand" oder "eine" die dies wollte
und so verhallte unbeachtet das deutlich gesprochene "jemand sollte"
worauf es dem Engel vergönnt war bis Mai Frohes zu verkünden
und sich dabei auch schon mal mit dem Osterhasen zu verbünden
als es erneut aus bekannter Quelle erklang: "Man" sollte endlich den Engel entfernen
schließlich würde ihn sonst die Sonne noch sommerlich bräunen und wärmen
und ob hier jemand glaube der Engel wolle vielleicht mit zum Baden
statt weißem Mantel vielleicht eine Badehose oder noch weniger tragen
worauf ich den Engel näher untersuchte und sagte: Es ist vermutlich eine Engelin
denn darauf deuteten verschiedene bis dahin eher wenig beachtete Anzeichen hin
und ich stellte die Frage, ob da wohl eine Badehose ausreichend sei
denn so eine Engelin wäre dann wohl sehr knapp gekleidet, so Wintermantel frei
allerdings brachte diese Bemerkung nur einen Topflappen, aber nicht den Engel zum fliegen
doch blieb die himmlische Sie als vielleicht nur verkleidete Badenixe auf dem Schranke liegen
begleitet von der Bemerkung der festen Stimme, dass "man" auch mal Vernünftiges tun könne
und wie schön es wäre hätte hier jemand zur Abwechslung weniger Unsinn im Sinne
worauf der Engel weiter im Schrank stand mit einem Taschentuch-Badebeutel für sein neues Sein
und verstrahlte so einen neuen und doch sehr vertrauten Schein
als eine beständige und vor allem stumme Botschaft von Freude und friedlichem Willen
- sprach das eher für einen Engel oder eine Engelin angesichts des Ruhigen und Stillen? -
täglich mahnend man solle sich der Liebe und Fürsorge besinnen
und nicht den Takt eines Sklaventreibers schlagen oder danach springen
wie auch immer: Im Juli erschallte erneut der Ruf, "einer" sollte es nicht versäumen
den Engel nun doch endlich auch mal weg zu räumen
was auch prompt im August geschah, als der Engel plötzlich in den Keller flog
und sich nicht länger unter der Last seines staubigen Kerzenstummels und Minibadebeutels bog
mit entschlossenem Schritt von der bekannten energischen Stimme in den Keller getragen
begleitet von den düsteren Worten, es möge niemand vor Weihnachten sein erneutes Erscheinen wagen
doch im September fehlte ein Kerzenleuchter für ein Fest - und hochmodern verkleidet und versteckt

hatte sich das Engelchen in Alufolie gewickelt mit einer Kerze in der Hand wieder gestreckt
und strahlte nun abermals mit einer neuen roten Kerze warm und hell im Raum
durch die Folie reichlich verkleidet - an die Bikinifrage dachte man da kaum
und so stand und diente es geheim und fast täglich bis in den Oktober hinein
reizend versteckt die Flügel, sichtbar nur das nette Gesicht und etwas vom schlanken Bein
doch im November fiel durch unvorsichtige Kinderhand des Engels neues Alukleid
aber nun durfte sie bleiben, schließlich nahte des Advents verheißungsvolle Zeit
und der Engel hatte damit letztlich nur drei Wochen im Keller verbracht
ansonsten begleitete er uns das ganze Jahr über durch den Tag und die Nacht
und hat uns ein wenig geholfen, hatte er äußerlich auch nur als Leuchter genutzt
- so hoffe ich, dass Euch über das ganze Jahr ein Engel ebenso beschützt.

Sie kommt

Wappnet eure Herzen gegen Verdruss
und rüstet sie gegen Beziehungsstress
 beplankt zudem die Seelen gegen Frust
und panzert sie gegen Schreck und Unlust
- denn Weihnachten ist da und Sie kommt
tritt ein, erhebt ihre Stimme mächtig und verlangt
dass man ihre Geschenke besonders beachte
und das Geschenkpapier ausgiebig betrachte
wo doch alle sowieso viel zu viel wollten
und sich besonders die Kinder bescheiden sollten
dass trotzdem jedes ihrer Geschenke hervorragend passe
und sich - wie sie - durch nichts ersetzen lasse
wobei nun letzteres unwidersprochen stimmt
auch wenn darin ein weniger weihnachtlicher Ton mitschwingt
und warum das Essen und der Wein wieder so fade schmecken
und die Kinder sich vor ihr scheinbar ein wenig verstecken
und die Ehegatten so still und fast in sich geschrumpft dasitzen
wo doch ihre jahrzehntealten Strohengel pflichtgemäß am Baume blitzen
und - es sei nochmals gesagt - zu viele Geschenke unter dem Weihnachtsbaum liegen
und hier und da noch Keksreste und Bücher und Zeitungen herumfliegen
weil doch zu Weihnachten alles festlich zu strahlen hat
doch die Menschen seien heute zu oft unzufrieden, nachlässig und übersatt
- und ich sitze da und sehe die Geschenke als Sinnbilder für ein fröhliches Geben
mit der Freude anderer eine Freude zu bereiten und dies zusammen zu erleben
und dass in der Ruhe der Festtage Zeit finden möge einander zu lieben
sich vorzulesen, zu reden, zusammen zu musizieren oder miteinander zu spielen
um sich durch die Geschenke wieder mehr miteinander nett zu befassen

und all den Kleinmut, die Hektik und Probleme beiseite zu lassen
- also werde ich ihr jetzt in das Weinglas voll Wodka einschenken
um ihre Aufmerksamkeit intensiv auf ihr eigenes Innenleben zu lenken
und dann das Fest in aller Ruhe genießen
- ich gehe schon mal in die Küche um ihr einzugießen.

Was dachtet ihr?

Eigentlich war sie mit ihren drei Männern recht zufrieden
denn jeder war auf eine andere Weise zu lieben
denn wirklichen Ärger machten die Drei ihr nicht
jeder wusste vom anderen, aber das sah sie in einem liebevollen Licht
denn ihr Herz war wirklich groß, vergebungsvoll, freundlich und bewegt
so hatte sich ein lebendiger Frieden über die meisten Tage gelegt
und die Freuden und der Stress waren zwar reichlich und doch ausgewogen
wäre da nicht Weihnachten immer näher herangezogen
denn A. wollte mit ihr mit Musik und Wein den Abend beginnen und anders beschließen
P. lieber üppig essen und dann zurückgezogen genießen
und F. hätte am liebsten ihr zu Füßen gesessen und ihr zugehört
von der Festlichkeit des Abends und von den Geschenken betört
und obwohl Weihnachten war ergab das kein Problem - denn sie hatte ein wirklich großes Herz
und deshalb wollte sie für keinen ihrer Jungen einer Entbehrung Schmerz
und versammelte sie alle um den Weihnachtsbaum und umarmte sie mit tiefem Blick
und - so überraschend es klingt - sie alle genossen des Abends Glück
und haben auch ihr reichlich Aufmerksamkeit und Zuspruch gegeben
um sich dann alle - unterschiedlich verteilt und einer mit ihr - in die Betten zu legen
- ach ja, vielleicht sollte ich nicht vergessen zu sagen
wer die drei bemerkenswerten Männer waren
denn das waren der Ehegatte und die zwei Söhne
eine ganz normale Familie also - was dachtet ihr was ich euch über Weihnachten erzähle?

Anregung zu Weihnachten

Es ist Weihnachtszeit
und wer noch kein Geschenk hat, für den habe ich eine Anregung bereit
die durchaus abwechslungsreiche Freuden bereiten kann
obwohl man sich manchmal fragt: Warum nicht häufiger? Und wann?
Nun zum Tipp: Dieses Weihnachten hatte er ihr nur einen Pulli geschenkt
und ihn ihr unter dem Weihnachtsbaum festlich umhängt
worauf sie antwortete: Ich habe dir auch nicht viel zu schenken

nur die Socken und die Krawatte - aber wir wollen uns ja mit Liebe bedenken
denn ich habe noch etwas: Du darfst mich so viel du willst beglücken
und dann will ich dich in neun Monate mit einem großen Geschenk entzücken
- also machen wir einen Zeitsprung und sehen etwa eine Stunde später nach
sieh` an, da waren die beiden immer noch munter und wach
Socken und Pulli lagen als Häufchen auf dem Boden
und zu sehen war nichts - sie hatten die Decke über die Köpfe gezogen
doch dem Lachen unter der Decke nach zu schließen
waren sie dabei Weihnachten ausgelassen zu genießen
und sich ein bleibendes Geschenk zu bereiten
um einander fortan noch reicher zu begleiten.

Weihnachtsstern

Wer neben einer so eigensinnigen Frau bestehen kann
ist ein tapferer, starker und entschlossener Mann
zudem selbstbewusst, gefestigt, ruhig und stabil
denn er ist auch nach ihren - nennen wir es: - „klaren" Anweisungen weder geknickt noch labil
eben einer, der weiß wie man durch Höhen und Tiefen würdevoll geht
wo doch ihr Widerspruchsgeist niemals auch nur einen Moment stille steht
weil er einer ist der gelernt hat sich in Wirbelstürmen aufrecht zu halten
selbst wenn die Urkräfte eines weiblichen Sturmes walten
- wie, das alles betrifft oder beunruhigt dich nicht?
Dann lebt ihr beide unter eines Weihnachtsternes gutem Licht.

Weihnacht auf Erden

Wenn Weihnachten naht und das Jahr wieder zu viel Trauriges geschah
die Welt abermals zu viel Schmerz und Unzulänglichkeit gebar und sah
sich nicht genug Zuneigung fand und sich Mitgefühl an Egoismus verlor
dass man oft stumm geduckt innehielt und in manch eisigem Winde fror
weil die Gleichgültigkeit zu oft kam und manchen schwer niederdrückte
Hoffen und herzliches Schenken uns oft zu wenig leicht und gut glückte
und du vielleicht alleine, belastet, ungeachtet, bekümmert oder vergessen warst
und statt dich zu öffnen und zu schenken an deiner eigenen trüben Laune fraßt
- dann sehe dich um, denn es gibt viele und vieles zu lieben
anzunehmen, aufzuheben, erneut zu beginnen und zu geben
wodurch Freundlichkeit und Herzlichkeit wieder fruchtbar werden
und neu wachsen: Nicht nur zu Weihnachten auf Erden.

Weihnachtsbotschaft

Der Weihnachtsabend war harmonisch gewesen

sie hatten musiziert, einander beschenkt, an das Herz gedrückt und vorgelesen

und in ein paar gemeinsame, vertraute Lieder freudig eingestimmt

mit denen seit Jahrzehnten die besinnlichste Zeit des Jahres beginnt

doch plötzlich fragte einer in die Stille: „Wie halten wir einen solch schönen Augenblick fest

dass er uns im kommenden Jahr wieder zueinander führt, stärkt und träumen lässt?

Denn nachher gehen wir oft wieder ungeduldig miteinander um oder aneinander vorbei

als ob dieses Fest nur ein verlorener Funken einer vergangenen Hoffnung sei

- wie also kann es uns ohne besonderen Anlass an jedem Tag gelingen

dass wir uns so öffnen und liebevoll zueinander bringen?

Und woher nehmen wir die Kraft inne zu halten und einander zu verstehen

dass wir uns nicht nur heute wie gute Gäste in einer Herberge ansehen?"

Nach dieser Frage lastete eine nachdenkliche Schwere auf allen

als würden die Worte ohne Ende nachschwingen und widerhallen

und als sei jede sichere Antwort kaum glaubwürdig, schwierig und fern

- bis der Kleinste sich seiner Mutter auf den Schoß setzte und sagte: "Ich habe dich gern"

und es war ohne Vorbehalte, ohne Mahnung und nur der Liebe wegen

- und sie wussten: So konnten sie sich täglich etwas von Weihnachten geben.

Geschenk in letzter Minute

Es war Weihnachten und welches Geschenk sollte er ihr überreichen?

Er hatte nur Kleinigkeiten - würde sich da nicht etwas Enttäuschung einschleichen?

So setzte er sich am Weihnachtsmittag hin und begann nachzudenken

bis er es gefunden hatte: Er würde sich selbst ihr schenken

und zur Einleitung würde er die Arme um sie legen

sie ganz fest an sich drücken und an sich nehmen

um dann zu sagen: „Diese Jahr soll ich dein größtes Geschenk sein

alles an mir sei nun ganz für dich allein"

und wie würde er ihr Gesicht genießen

sehen, wie schelmische Freude und Lächeln zusammenfließen

denn wie schön hatte er sich das ausgedacht

wie sie ihn ansieht und erst fragend schaut und dann - hoffentlich - lacht

doch als er unter dem Tannenbaum nun vor sie trat

und der Moment es auszusprechen gekommen ward

stand er da so stumm und klein wie der filetierte Fisch

im Weihnachtsessen auf dem Tisch

- doch in dem Moment zog sie ihn an sich heran in der angespannten Stille

und flüsterte: „Ich bin dies Jahr dein Hauptgeschenk - mit und ohne Hülle"

worauf noch zu erwähnen bleibt: Das Weihnachtsessen ward so köstlich wie der ganze Rest

denn sie bereiteten einander das seit Jahren beste Fest
mit dem Vorsatz, dies nun möglichst oft und frei zu wiederholen:
So schenkten sie einander – mit allen Folgen - Himmel und festen Boden.

Vertreibung und Wiedereintritt in das Paradies

Der Weihnachtsmittag war angebrochen
meine Frau ward in der Küche emsig am kochen
Töpfe und Pfannen klapperten, es waren anregende Geräusche
ein Wohlklang für gepflegte und festlich angeregte Bäuche
doch als ich einige Zeit in der Küche um sie herumstand
und auch bei ihr manch Delikates zum Naschen fand
sagte meine Frau mit einem Kuss und wie immer sehr bestimmt
in einem entschlossenen Ton der wirklich keine Widerrede kennt:
Nun setze dich schon irgendwo hin, von mir aus zum Dichten
dann kannst du zumindest im Moment kein Unheil anrichten
und vielleicht fällt dir noch ein besinnlicher Reim ein
- nein, denke jetzt nicht an meinen Mund und mein Bein -
oder übe noch etwas Weihnachtslieder
sonst verhaust du sie nachher wieder
aber lasse mich jetzt in Ruhe das Essen vorbereiten
sonst wird mir gleich ein Topflappen entgleiten
und der, mein Lieber, fliegt dann hinter dir her bis zum Garten
also raus - auf das Essen und mich musst du noch etwas warten
und wenn dir gar nichts einfällt dann stelle bitte noch einen Wein kalt
und jetzt schaue nicht so betreten, das Essen und ich kommen bald
aber stehe mir nicht weiter im Weg und sei ein lieber Bengel
und repariere an der Krippe noch den abgestürzten Engel
- damit stand ich am Weihnachtsmittag verstoßen vor der Küche
vertrieben aus dem pulsierenden Reich der Sinne und Gerüche
gestrandet wie Noah mit seiner Arche auf einem kahlen Berge
oder wie das heilige Paar nach der Abweisung vor der warmen Herberge
gar ein wenig wie Adam nach der Vertreibung aus dem Paradies
nur dass diesmal Eva ihn vor die Tür schubste und nicht mehr einließ
worauf ich im Wohnzimmer die Flöte nahm auf das Weihnachtslieder erklingen
bis aus dem Kinderzimmer eine Stimme rief: Das hört sich an als ob Katzen singen
na gut, die Kinder sind verwöhnt - so wandte ich mich dem Hackbrett zu
und vertrieb mir mit nach meinem Empfinden wohligen Lauten die lastende Ruh'
worauf das Telefon schellte und der Nachbar sagte, ich möge nicht verzagen
es würde mir sicherlich noch gelingen, alle Mäuse bis Weihnachten zu verjagen
und wenn es mir so schlecht ginge wie es klinge könne ich den Jammer auch im Glühwein

ersaufen

oder anstatt schräger Musik mal eine Stunde mit ihm um den Häuserblock laufen

dass wir uns über das Leben im Allgemeinen und Frauen und Kinder im Besonderen unterhalten

vielleicht würde mir dies einen Trost geben um Weihnachten fröhlicher zu gestalten

denn alles in allem wünsche er mir gerade für die nächsten Tage viel Glück

aber ganz besonders hoffe er auf kein weiteres musikalisches Stück

worauf ich wie ein Gestrandeter auf der Eckbank zusammensank

die Weinflasche schon mal öffnete und einen großen Schluck trank

und dabei wohl ein-dämmerte und erst erwachte

als die Gattin und die Kinder mich ansahen und jeder freudig lachte

und alsbald strahlend für die gelungenen und schönen Geschenke bedankte

mich umarmte, dass ich bei so viel freudigem Trubel und Lärm irgendwie schwankte

worauf mich die Gattin ganz gerührt über mein Mitgefühl in die Arme nahm

und frohe Weihnachten wünschte - und nun war der Abend gemütlich, fröhlich und warm

wie man es so überwältigt nicht nur, aber auch an Weihnachten erlebt

wenn man das Glück hat, dass Liebe, Einfühlsamkeit und Geduld einen umgibt.

Bitte mit Ruhe

Wenn du lächelst und vergibst

dich sanft öffnest, schenkst und liebst

mag manche drückende Ratlosigkeit fliehen

dich Kraft erfüllen und Kummer sich verziehen

und des Lebens Niederlagen sind kurz vergessen

Freuden werden vielleicht wie ein Festmahl genossen

und wir sehen in ein paradiesisches Himmelreich

für uns geöffnet, innig, liebend und weich

wohin uns auch Weihnachten vielleicht führen kann

bei besinnlichen Kerzen und Liederklang

- es sei denn, Oma, Kinder oder sonst einer nörgelt mal wieder, dass Essen sei schlecht

und Kinder und Gattin seien auch nur halbwegs geraten und recht

und im Übrigen habe man sich sowieso das Jahr über zu viel „hängen lassen"

und Weihnachten sei auch nur noch ein Fest zum Prassen

- worauf man sich am besten mit einem Fläschchen Wein und der Liebsten zurückzieht

und dem gewohnten Treiben unter dem Weihnachtsbaum entspannter entgegensieht

auf dass man sich und anderen die Schwächen mit einem Schmunzeln vergibt

- und dadurch mit neuer Kraft liebt.

Weihnachtswunder

Mutter, tue doch was: Die Kinder maulen
Vater, tue was, dein Arbeitgeber ist am jaulen
Mann, ändere sie: Sie ist am murren und keifen
Weib, ändere ihn: Er will dich schon wieder beim Kochen kneifen
und ihr beide zusammen, ändert alles: Die Verwandten nörgeln
das Finanzamt und die Nachbarn ärgern
die Vorgesetzten verschweigen, hetzen und treiben
die Gehetzten grummeln oder schweigen
und es ist doch bald Weihnacht überall
tut was - der Friede kommt nicht von selbst mit einem Knall
dass die Kinder froh sind und helfen
die Gatten sich zärtlich umgreifen
die Nachbarn sich plötzlich vertragen
Vorgesetzte einen nicht nur mit verbalem Mitgefühl plagen
- dafür müsst ihr aber schon eure freundlichsten Gaben zeigen
euch aufmuntern, liebevoll küssen und freundlich zueinander neigen
dass all die Erschöpfung, Verletzungen und Bedrängnis flieht oder ruht
denn das Weihnachtsfest tut nur als entspanntes Liebesfest richtig gut
auch wenn das oft nur so lange hält wie man Marotten und Launen übersieht
und so seinen Mitmenschen und sich selbst eine Zeit lang vergibt
- doch vielleicht hält diese Zeit diesmal sogar ein Jahr lang an:
Wollen wir mal sehen ob dies Wunder lebendig werden kann?

Du nimmst es dir immer wieder vor

Du glaubst nicht mehr so recht an Weihnachten siehst du dich um?
Es gäbe noch - oder schon wieder - zu vieles, da verzweifelt man stumm?
Du hörst und siehst allerorts vorlautes Gequake und gleichgültiges Abwarten
ein Übermaß für Reiche und für zu viele andere bestenfalls nur Schweineschwarten?
Und es gibt zu viel Missachtete, Verletzte und beiseite geschobene Schwache
stolzierende „Starke" und Ausgeschlossene, Übersehene und Verachtete?
Zu viele von Enttäuschungen und Gleichgültigkeit Gelähmte
zu viele unter Lasten, Erschöpfung und Bitterkeit Erschöpfte und Gedrückte?
Und da sollen sich Zuneigung oder Freundlichkeit einstellen und stilles Erwarten
gar ein weihnachtliches Hoffen, es gäbe auf Erden mal einen blühenden Garten
erblüht und erfüllt von der Kunst der Liebe und Friedfertigkeit
belebt und gepflegt von Mitgefühl und Zärtlichkeit?
Und doch nimmst du dir wieder gegen alle Zweifel vor:
Dieser Tag sei ein wenig wie Weihnachten: Ein neuer Impuls, ein offenes Tor
die du nun nutzen willst mit all deiner Zuneigung, Kraft und deinem Mut

und der Tag werde so zu einem Geschenk, freundlich und gut.

Anderes Leben

Gern hätte ich öfters mal ein anderes Leben
denn dem meinen wurden viele Unzulänglichkeiten mitgegeben
und so ist es oft mühevoll, schmerzlich und fehlerhaft
mit kaum einem Tag, an dem nicht irgendwo ein Abgrund klafft
und an dem uns nur verbleibt das Schöne zu erträumen
denn Tage und Nächte geraten zu einer Kette aus versäumen
doch wir werden dies Leben bis zum Ende mitnehmen
denn uns ist vielleicht kein zweites oder drittes gegeben
auf der Suche nach Liebe und Freundlichkeit
während das Leben weiter und vorüber eilt
und man sich ab und zu denkt: Ich hätte gern ein neues Leben
um es trotz aller Unzulänglichkeit neu aufzunehmen
(wobei mir einfällt: Du könntest mir zu Weihnachten Liebe schenken
als das wichtigste im Leben, wenn wir es recht bedenken).

Frei

Auch Jesus hatte kein Leben nach Wunsch
denn am Kreuz zu enden war keine Fete mit Lebkuchen und Punsch
und Maria musste ihre Schwangerschaft sicherlich sehr genau Josef erklären
er möge sich nicht über die erstaunliche Zeugung des Kindes beschweren
und Armut und Machtkämpfe trieben die heilige Familie durch das Land
kein Wunschleben, wenn man als Herberge nur einen Stall mit Viechern fand
und die Apostel mussten vor den Häschern Verstecke wählen
nur wenige konnten sich treffen, reisen, preisen und anderen erzählen
und viele im Volke standen voll Mitgefühl und doch von Angst gelähmt dabei
wussten, dass die Gewalt und Wut der Herrschenden brutal und demütigend sei
weil - wie so oft in der Geschichte - Menschlichkeit und Machtgelüste kollidierten
wo Mächtige und ihre Diener sich bedroht sahen und nur auf ihre Vorteile stierten
- doch langfristig sind es die Unauffälligen, die liebenden Eltern, welche die Liebe
weitertragen
und die gegen die Zweifel und Widerstände des Alltags Freundlichkeit und Mitgefühl wagen
um der Mitmenschlichkeit auch mit einem Weihnachtsfest ein feines Gesicht zu geben
wenn sie einander umarmen, beieinandersitzen, beschenken, bestärken und annehmen
angetrieben und überzeugt wie gut ein Leben sei
zwar nicht nach Wunsch - aber durch Liebe frei.

Nettes zu Weihnachten

Halte kurz inne: Was möchtest du alles Nettes zu Weihnachten sagen?
Was hast du dir vorgenommen, was möchtest du beginnen, was wagen?
Wen möchtest du umarmen und mit wem deine Kraft teilen?
An wem willst du heute nicht vorüber eilen?
Mit wem innehalten und fürsorglich in die Augen sehen
um an keiner Not und Enttäuschung erschöpft vorüberzugehen?
Denn ich weiß, dass gute Vorsätze reich und tief in dir leben
um etwas vom feinen Zauber des Weihnachtsfestes weiter zu geben
- so möge sich das Weihnachtsfest wunderbar entfalten
und dich mit seiner freundlichen Botschaft im Banne halten
die von der Schönheit der Liebe in vielen Formen kündet
- damit sie durch dich einen Weg in diese Welt findet.

Nichts mehr wie vorher

Da war sie wieder, die weihnachtliche Stunde
und man saß in einer von Kerzen erleuchteten Runde
die Geschenke unter dem Baum aufgereiht
heute vereint und morgen wieder entzweit
nicht traut der Kreis, aber andächtig still
wie es das Weihnachtsfest ebenso will
ein akzeptierter – guter - Zwang sich zu vertragen
seinen Zorn runter zu schlucken und Streit zu vertagen
dass man allenfalls in Gedanken einen anderen haue
doch jetzt still an seinen eigenen Enttäuschungen kaue
ein Küsschen hier, ein Wein und Glückwunsch dort
dieser Tag sei für den Frieden ein – wenn auch flüchtiger - Ort
auch wenn man sich sonst besser aus dem Wege geht
weil irgendeine Enttäuschung in jedem offen oder verborgen liegt
warum auch nicht? Auch die Heilige Familie musste durch das Land eilen
wurde weitergeschickt, missachtet, und durfte nur in einem Stall kurz verweilen
Maria mit einem Kind, doch nicht von ihrem Mann, weil Gott ihr beiwohnte
und Josef geduldig: Er begleitete sie dennoch, weil er ihre Gefühle schonte
und die Hirten kamen nur kurz vorbei vom Kindesgeschrei angezogen
funkelnde Sterne als Kulisse einer Geburt – mit dem Morgen verflogen
und der Besuch der drei Könige – vielleicht versprachen sie sich mehr Macht
wenn sie frühzeitig ein Gottessohn anlacht
doch danach verlor sich wieder ihre kurze Spur
und so sitzen wir heute unter dem Weihnachtsbaum – wenige Stunden nur
wie gewohnt mit dem Vorsatz sich duldsam und nett zu vertragen

und nur vorsichtig nach der Unruhe und einem Schmerz im Innersten zu fragen
– bis eine/r innig aussprach: „Schön, dass ich euch habe" und die anderen umarmend annahm
und es geschah, dass danach nichts mehr wie vorher war.

Weihnachten

Wenn diese und jene mal wieder über das Essen und die Welt mäkeln
die Kinder sich schon morgens ungeduldig – gleichwohl beneidenswert faul - auf dem Sofa räkeln
Mutter herum jagt und schon mal gestresst kurz meckert
Vater vor Schreck über seine sonst so zarte Frau Kaffee verkleckert
der Braten im Rohr halb vergessen austrocknet und zusehends verbrennt
und ständig jemand hektisch dazwischenredet und rennt
der Weihnachtsbaum noch auf der Terrasse statt im Zimmer steht
Weihnachten wieder „völlig überraschend" kommt, weil die Zeit zu schnell vergeht
der Versandhandel die falschen Pakete auch noch zu spät bringt
im Kaufhaus aus jedem Lautsprecher ein Engel seit Wochen monoton das Gleiche singt
das Geld wie von himmlischer Hand schrumpft und entschwindet
während man sich auf der Suche nach einem passenden Geschenk windet
- dann umarmt die Euren, macht nicht alles perfekt und lasst den Frieden ein
der Ruhe, des Liebens und des Provisoriums – dann kann es ein herrliches Weihnachten sein.

Licht

Vieles wurde schon in der Politik gesagt
doch dieser Vorschlag wurde noch nicht gewagt:
Jeden Tag sollte es 10 Minuten Weihnachten als geschützte Feierzeit geben
als fester Freiraum: Wie verschenke ich heute Frieden und Segen?
Denn nötig hat es die Welt, in der Reiche die Armen nur mögen
wenn die Armen den Reichen noch mehr Geld geben
und manche Frauen und Männer sich nur lieben
für ein völlig „überraschendes" Kind oder einen Geldsegen
und viele Politiker ihren Bürgern nichts von ihren wahren Zielen erzählen
bis die Wähler in gutem Glauben geistig verengte Lobbyisten wählen
und Börsianer die Kleinsparer umwerben
um deren Kapital zum Eigennutz zu verderben
und viele ein Leben lang sich umsonst nach einer echten Gemeinschaft und Liebe sehnen
und doch in einem achtlosen oder verächtlichen Getriebe und Geschiebe untergehen
- wäre es da nicht Recht es gäbe jeden Tag 10 Minuten Weihnachtszeit
zum Neubeginn und echter Besinnlichkeit?
Doch ich habe da eine Hoffnung: - vielleicht brauchen wir das doch nicht

denn wenn ich mich umsehe – so brennt in vielen ein gütiges, leider nur etwas verdecktes Licht.

Himmelspforte

Wüssten Gänschen und Schweinchen von Weihnachten – sie wären voll Beklemmung:
denn für viele ist zu Weihnachten eine Bratpfanne oder ein Ofenrohr die Bestimmung
und das Christkind hat genug mit den Menschen und deren Hunger, Freuden und Streit zu tun
die Fragen der Tiere – die stehen dahinter zurück und müssen stille ruh'n
zumal so köstlich wie Gänse, Enten, Hühner und Schweinchen nun mal schmecken
kommen sie recht schnell in den Himmel um uns hernieder den Tisch zu decken
und so bleibt manchem Vieh auf Erden nur die kurze Erfahrung: Es ist ein flüchtiger Ort
gerade ein Weihnachtsfest trägt es manches Getier frisch gebraten und zerlegt sehr weit fort
doch spätestens ab Neujahr wird die Perspektive für das schmackhafte Vieh wieder etwas netter
denn viele Menschen stellen nach Weihnachten fest: Sie wurden unanständig fetter
und erfreuen sich dann missvergnügt eine Zeit lang durch karge Brote und Salate
und etwas ferner rückt für manches Vieh die bedrückende Himmelspforte.

Allein

Ihr meint: Es könnte besser sein auf dieser Welt
da sei so manches schlecht bestellt?
Da könnte mancher an seinem Ort etwas mehr anpacken
helfen und gestalten – die Erde hätte dann weniger Schlaglöcher und Macken?
Denn die Weihnachtsbotschaft sei für jeden Tag im Jahr ganz schlicht:
Jeder Mensch ist einmalig, liebenswert, verletzlich – und trägt in sich ein tolles Licht
und die Geburt Christi könnte uns helfen daran zu denken
wie wir unsere Wege gütiger und warmherziger zueinander lenken?
Gewiss, ihr habt Recht, so sollte es sein
doch kennt ihr das Gefühl: Zu oft ist man mit solcher Hoffnung allein?

Ein Weg

Halte kurz inne: Was möchtest du Nettes zu Weihnachten sagen?
Was hast du dir vorgenommen und was möchtest du beginnen, was wagen?
Willst du mehr umarmen, lächeln, deine Kraft und deinen Mut teilen?
Vielleicht weniger hastig durch die Tage und an anderen Menschen vorüber eilen?
Oder noch öfters innehalten und anderen fürsorglich in die Augen sehen
um an der Not anderer nicht erschöpft vorüber zu gehen?

Denn ich weiß, dass jeder dieser Vorsätze tief in dir lebt
und uns allen etwas vom feinen Zauber des Weihnachtsfestes gibt
- so möge sich das Weihnachtsfest dieses Jahr wunderbar entfalten
und uns mit seiner freundlichen Botschaft im Banne halten
die von der Schönheit der Liebe in vielen Formen kündet
damit sie durch uns wieder einen Weg in die Welt hineinfindet.

Weihnachtlich das ganze Jahr

Meine Gläubiger, mein Weihnachtsbrief an Euch
ist jedes Jahr so ziemlich gleich:
Ihr wollt also alsbald euer – mein - Geld?
Wenn das mal nicht wie ein Kartenhaus in sich zusammenfällt
denn ich empfinde zwar Sympathie für euren Wunsch - er ist nicht vermessen
doch ist meine Börse derzeit so schmal wie der Kühlschrank leer gefressen
und die Familie möchte PCs, ein Auto, eine Lebensversicherung und ein Haus
und wenn nicht heute, dann morgen – sonst ist es mit dem häuslichen Frieden aus
also seid herzlichen bedankt für eure Geduld – Sympathie und Liebe dulden keine Eile
darum wartet bitte auf den schnöden Mammon noch eine Weile
und vorher können euch die Weihnachtsengel noch paarmal freudige Botschaften bringen
denn wie könnten Worte über schnödes Geld in dieser Zeit weihnachtlich klingen?

Was Weihnachten bedeutet

Die Christkind-Geschichte? Was man daraus lernen kann?
Mit dem richtigen Vater bist du im Leben zunächst gut dran
und kommen auch noch ein paar Engel und drei Könige vorbei
ist dir der Ruhm gewiss – auch wenn so mancher bald gegen dich sei
und mit einem treuen Joseph zum Vater der immer zahlt
- auch wenn er überliefert nicht der wirkliche Vater ward -
waren Maria und das Kind zufrieden und ihr Alltag gesichert
- ist das auch mit der überraschenden Vaterschaft öffentlich durchgesickert -
aber Mutter und Kind hatten ja eine bekannt himmlische Beziehung
und der junge Spross einen einmaligen Hüter seiner Erziehung
jedoch ward sein Ende auf Erden eher bescheiden
man mag das Christkind in diesem Punkt nicht recht beneiden
auch wenn er als Gekreuzigter bis heute in vielen Stuben hängt
und uns sein Ende für seine Überzeugung ins Bewusstsein bringt
so legt dies doch nahe, dass es am Schluss vielleicht besser ist
man ist einfach nur ein guter Mensch und handelnder Christ
zumal verbindet sich damit die Aussicht auf ein ewiges Leben

was aber höchst unsicher ist - das wird sich erst im Jenseits ergeben
was sich am Ende unausweichlich von selber klärt
eine Hoffnung bestätigt – oder zeigt: Sie war verkehrt
also bedenkt zum Fest des Christkindes vorrangig den Beginn:
Liebe und Zuwendung gaben und geben dem Leben Sinn
auch wenn manche Umstände herzlos und brutal bleiben:
Es ist uns aufgegeben uns zu mühen und stets das Beste zu machen und zu meinen.

Nicht nur zur Weihnachtszeit

Wieder mal matt und missmutig aufgestanden?
Zu lange gefeiert und heute erst ins Bett gegangen?
Hier geschimpft, da belehrt und dort kritisiert?
Zu viel manipuliert, geschauspielert und sich nicht mal geniert?
Wieder zu viel genörgelt und wenig verstanden oder zugehört?
Ward wieder mal die Welt durch die eigene Ungeduld verkehrt?
Oder zu viel gegessen, getrunken und geredet, mehr als recht?
Und da sitzt du nun ganz schlapp und füllst dich schlecht?
Hast von Herzen reichlich genommen - und auch gegeben
aber nun sollten sich die Unzulänglichkeiten und Lasten langsam legen?
Denn jetzt packt dich der Alltag wieder – und der fasst kräftig zu
du musst laufen, buckeln, Haltung bewahren und schaffen ohne Ruh'
- wie schön wäre es da gerade jetzt einen Engel zur Seite zu haben!
Einen mit Geduld, Zuspruch, Freundlichkeit und anderen netten Gaben
so einen, um dich mit seinem Lächeln aus Zwang und Enge zu heben
um über manche Mühsal, Bitterkeit und Erschöpfung hinweg zu schweben?
Aber schaue nur: Du hast doch in dir und um dich einen guten Engel
du selbst bist doch einer (na: teils) – siehst du auch eher aus wie ein Bengel
dass es dich ein wenig von Bedrückung und Kummer befreit
- also komm schon: Sei für den Engel in dir bereit
und locke auch die anderen, ihr Engel-Sein zu zeigen
und sich nicht mutlos und verletzt gebeugt zu neigen.

Täglich

Haben wir täglich gütig genug gelebt?
Hat uns die weihnachtliche Botschaft das Jahr über innig bewegt?
Konnten wir uns zeigen: Du und ich, wir waren nicht allein
mit Liebe und Behutsamkeit führten wir einander ein Stück heim?
Lebten wir das Glück mit anderen zu teilen
um voll Achtung und Freundlichkeit in einer Runde zu verweilen?

Sich gegenseitig zu verstehen und zu beschenken
um einander mit Hilfen und Aufmerksamkeit zu bedenken?
Und dass es ungemein bestärkt und beschwingt
wenn man die Zuneigung eines anderen gewinnt?
Haben wir also das letzte Jahr innig genug gelebt
dass Weihnachten für die Zuwendung zu anderen steht?
Denn ist es uns nicht täglich aufgegeben
diese Botschaft neu zu finden und zu leben?

Üppiger Braten

Um die Weihnachtszeit
hoffen viele das Glück sei für sie bereit
und es öffne sich vielleicht eine Türe oder ein Tor
und ein gnädiges Ereignis trete daraus hervor
nehme sie an der Hand und alles werde gut
Liebe und Friede schenken ihnen wieder Mut
- um dann festzustellen: Es war wieder nur eine Zeit des Wartens
des allein Seins und üppigen Bratens.

Tägliche Erfüllung

Wenn man Weihnachten in seinem Herzen sucht
und angesichts des vergangenen Jahres zu wenig Weihnachtliches verbucht
weil selbst mit Kerzenlicht zu wenig Frieden in die Herzen zieht
und manch schöne Hoffnung verschreckt und verbittert flieht
siegt vielleicht der Trotz: Ich halte ihn fest - den Wunsch nach Frieden
erwarte und arbeite daran, dass sich Menschen mögen, nicht bekriegen
dass nicht der Starke den Schwachen und der Gemeine den Feinen niederdrückt
eine Zuwendung gelingt und eine Liebe glückt
und das in kleinen Schritten es täglich etwas besser werde
auf dieser faszinierenden und schmerzlichen Erde
damit Weihnachten nicht nur als eine uralte Geschichte lebt
sondern täglich ein wenig in Erfüllung geht.

Weihnachten und Wahrheiten

Ist Weihnachten die Zeit
        einander zu sagen, was man einander schon immer sagen wollte?
Ist man zu dieser Zeit besonders bereit
        zu zeigen, was man einander zuvor nicht zeigen konnte?

Ich schlage vor, wir vertagen das bis nach dem Fest
        und versuchen bewusst naiv-sinnlich glücklich zu sein
damit sich die Feier sanft und innig genießen lässt
        - mit manchen Wahrheiten ist man ziemlich schnell allein.

Umkehr

Weihnachten sei so profan – es verbliebe zu wenig um zu hoffen?
Zu vieles sei geschehen um sich nochmals der Welt liebend zu öffnen?
Zu gleichgültig und brutal seien die Menschen auf der Jagd nach Macht?
Selbst die Heiterkeit sei ein Geschäft – lächerlich, wie manche(r) lacht?
Und zu viele sind nur auf Karriere, Egoismus und Herrschaft bedacht
aus Eigensinn und kleinen oder größeren Täuschungen gemacht?
Gewiss, doch deine Liebe kann auch eine Umkehr sein
- also schenke mir davon bitte reichlich ein.

Silvesterfeuerwerk

Keine Raketen an diesem Silvester
das wäre - sagst du – in diesem Jahr besser
denn das Menschenleid war dieses Jahr wieder zum Entsetzen
wir sollten deshalb zum Jahreswechsel ein Zeichen der Stille setzen
und das Geld diesmal für einen guten Zweck spenden
um ein wenig vom Elend der Welt abzuwenden
- doch kommen keine Katastrophen mehr, wenn wir kein kleines Feuerwerk machen?
Wenn wir im Dunkeln stehend des Himmels kalte Schwärze betrachten
wo eine teils maßlose Macht- und Geldgier das Leben beschmutzt
- ob da eine kleine Spende und Dunkelheit etwas nutzt?

Rose

Der Weihnachtsmann
war diesmal wirklich sehr spät dran
weshalb er mit seinem Schlitten raste - und so war es passiert:
Die dahin stürmenden Elche hatten vor der Kurve nicht pariert
und zuerst hatte der Schlitten nur geschaukelt und gewippt
doch dann war er in der Kurve umgekippt
und so lag der Weihnachtsmann im Schnee
er schnaubte unwirsch, doch im tiefen Schnee tat es nicht weh
aber die Geschenke - sie lagen weit verstreut
und der Weihnachtsmann hat nun seine Eile bereut

denn die vielen Geschenke waren nur mühsam wieder aufzulesen
die Engel? Die sind gerade auf der Suche nach braven Menschen gewesen
also musste er alleine die Geschenke wieder auf die Kutsche laden
die dank himmlischer Kräfte alsbald wieder auf den Sitzen lagen
nur ein Geschenk - eine Kunstblume, eine Rose - hatte er übersehen
und so konnte der Schnee rasch darüber wehen
doch im Frühjahr als der Schnee verschwand
geschah es, dass ein Paar - gerade mürrisch miteinander - die Rose fand
sie aufhob und überrascht sich umarmend ans Herz sich drückte
- womit die kleine Liebesgabe von allen vielleicht am meisten beglückte.

Weihnachtsbraten

Für Weihnachten ist es beschlossen:
Da wird ein Gänschen gebraten und genossen
auch wenn das die Gans nicht gerne hört
weil es ihren Lebensweg empfindlich stört
ins Ofenrohr geschoben abzuwarten
bis sie fein gewürzt und zart gebraten
als Köstlichkeit neben Klößen liegt
und nicht mehr schnattert oder fliegt
so ist dies doch ihr Schicksal – nicht abzuwenden
darum möge sie knusprig und lecker enden
während wir hoffen, dass sich unser Schicksal lange von ihrem unterscheidet
weil man doch recht gerne solch baldiges Ende vermeidet
zumal Weihnachten Geburt und Hoffnung bedeuten
und nicht, dass einem da ganz andere Glöckchen läuten
- also bedenkt besonders zum Fest was ihr wem nehmt und gebt
und wie es anderen dabei ergeht.

Täglicher Weihnachtsbaum

Weihnachten: Was können wir uns geben?
Das Gefühl: Wir schenken einander ein gutes Leben
eines, dass man in kein Gegenteil wendet
weil es trotz aller Fehler ein warmes Licht spendet
wenn wir miteinander fühlen und einander nicht ausschließen
nicht nach dem Zufall der Begabungen belohnen oder verdrießen
da wir vor dem Einen – so es ihn gibt – alle gleich dastehen
in seinem Sinne einander achtend durch das Leben gehen
nicht auf einander herabblicken, um uns egoistisch zu erhöhen

sondern mit Liebe auf alles Zerbrechliche, Beginnende und Vergehende sehen
ein jeder nach seiner Art anerkannt und angenommen
keine Hilfesuche zurückgewiesen oder unbeachtet verronnen
- denn Herzlichkeit können wir uns jeden Tag geben
und als ein Geschenk unsere Herzen bewegen.

Am Weihnachtsvormittag, Gespräch zwischen einer sehr geschäftigen Frau und dem festlich gestimmten Gatten

Er: Mein Schatz, deine Weihnachtsplätzchen duften nach Zimt
und schmecken, dass sie eine himmlische Freude sind.
Sie: Aber lasse sie noch liegen - der Nachtisch muss warten
wenn du was tun willst so gehe zum Laubkehren in den Garten
      Er; Liebling, lasse dich mit einem Kuss in Stimmung bringen
      bevor wir nachher feiern und weihnachtliche Lieder singen.
      Sie: Nur einer – Haus und Kleidung riechen noch nach Braten
      also mehr von dieser Form des Nachtischs muss noch warten
und der Weihnachtsbaum ist auch noch nicht geschmückt
ich solle mich rann halten, dass es noch bis zum Abend glückt
und die Schokoladenkugeln anhängen und nicht vorher essen
als Vorbild müsse ich auch diesen Nachtisch in Ruhe lassen
      und ich solle ihr jetzt noch nicht so tief in die Augen sehen
      die Zeit sei knapp, viel vorzubereiten – keine Zeit herumzustehen
      und die Schuhe und Mäntel im Flur seien auch noch aufzuräumen
      also Süßes und Salziges gibt es später – ich solle jetzt nicht säumen
und alles in allem könnte ich mal mehr Tempo vorlegen
den Tisch decken - meine Gedanken wären wohl noch auf Abwegen
und auch der Kuchen sei noch mit Likör-Zuckerguss zu umhüllen
sonst würde zumindest dieser Nachtisch keinen Appetit stillen
      und sowieso seien die Geschenke der Kinder noch zu sortieren
      und das Wohnzimmer zu heizen damit wir nicht nachher frieren
      und das Auto in die Garage und der Wein kalt zu stellen
      und der Weg im Vorgarten für die Gäste zu erhellen
und ... und ... - und so wandte er sich den Vorbereitungen wieder zu
hoffend auf das baldige Fest und insbesondere auf Stille und Ruh'
doch dann – ganz kurz nur - hat sie ihn fest in den Arm genommen und angelacht
und damit war klar: Es wird eine wunderbare Weihnacht.
      und übrigens: Vom Nachtisch blieb tatsächlich kein Rest
      und es wurde ein langes

Neubeginn

Er war noch am Leben – mehr konnte er nicht sagen
so wie sein Kopf und seine Glieder eingegipst waren
und die Erinnerung wollte nicht recht funktionieren
wo war er? Wie konnte man seine Vergangenheit so verlieren?
Der Arzt hatte ihm gesagt: Das sei recht einfach gewesen
ein Autounfall – man musste die Teile des Wagens in weitem Umkreis auflesen
und er habe zum Glück nur eine Gehirnerschütterung und ein paar Prellungen erlitten
durch den heftigen Schlag auf den Kopf sei ihm für einige Zeit das Gedächtnis entglitten
aber vermutlich werde es die nächsten Tage wiederkommen
nur die jüngste Vergangenheit bliebe wohl auf immer verschwommen
doch eine Wesensveränderung sei nicht anzunehmen
das Glück habe ihm eine Chance für einen Neuanfang gegeben
- so lag er nun da, erstaunt, wie neu und doch vertraut eine Frau ihn küsste
auch wenn er im ersten Moment nicht mal ihren Namen mehr wusste
doch sie sagte, es stehe bald Weihnachten vor der Tür
dann könne er nach Hause – der Weihnachtsbaum sei eine Zier
und er sei so geschmückt wie es ihm besonders gefällt
mit einem kleinen Engel auf der Spitze, der eine Harfe hält
- doch er wusste im Augenblick nicht mal wie der Engel aussah
und auch nicht, wie die Krippe darunter – wie jedes Jahr - arrangiert war
doch als die Frau über sein Gesicht streichelte, mild und warm
freute er sich auf die Gewissheit: Bald halten wir uns im Arm
und eine vertraute Wärme und Freude überzogen Haut und Sinn:
Ihr Lächeln, ihr Kuss – das wird ein Neubeginn!

Das Schönste

Stille nährt
Lärm zehrt
Vertrauen stillt
Ungeduld brüllt
Mitgefühl erbaut
Egoismus versaut
Zartheit betört
Überheblichkeit zerstört
Vergeben heilt
Anmaßung zerteilt
Zärtlichkeit schenkt Glück
Egoismus gibt nichts zurück
doch liebevolle Geborgenheit schenkt die Kraft

die das Leben fördert und erst erschafft
- doch selbst Weihnachten mag so manchem das Lieben nicht glücken
und so lebt so manche/r ohne das Schönste zu entdecken.

Herzenswärme

Woraus ziehst du z.B. zu Weihnachten deinen Seelenfrieden?
Aus Besserwisserei, ungeduldigem antreiben und anschieben?
Vorrangig zu deinem eigenen Lebenszweck
mit heftigen Worten und wohl kalkuliertem Schreck und Scheck
gegen die, die deine Sicht, Eitelkeit und Hektik nicht teilen
und mit schönerem Lebensgefühl auf Erden verweilen?
Und ist Leistung das Wichtigste – und alles andere oft verkehrt?
Ist es nicht die Geborgenheit, die den – wenn auch nicht dir - Frieden beschert?
Hast du das Schenken verlernt, weil du zu viel eilst, herrschst und forderst?
Oder zu viel von der Zuwendung vergessen, wenn du mit anderen haderst?
Was lag denn in der Krippe in Bethlehem in jener lang vergangenen Nacht?
Ward uns da nicht auch eine Botschaft von Mitgefühl und Geborgenheit überbracht?
Was also erhoffst du dir zu Weihnachten besonders gerne
- wenn nicht Herzenswärme?

Weihnachten, Betriebsfeier

Welchen Sinn hat für Euch die Erwerbsarbeit?
Immerhin verbringt ihr damit eures Lebens beste Zeit
Ist es das – oft zu wenig unter Mühsal – dafür erhaltene Geld?
Gewiss, Geld ist wichtig, damit einen nicht ein Alltagskummer überfällt
doch ihr habt meist zu wenig Geld, denn ihr geltet den Reichen stets als zu teuer
und „neidisch-unanständig" empfinden Reiche jegliche Form einer Reichen-Steuer
und liegt damit eure Hoffnung auf Kohle und Moos seit jeher brach
und tröstet ihr euch immer noch nicht an einem religiösen Jenseits danach
dann fragt ihr euch vielleicht: Was wäre es sonst noch das zu guter Arbeit gehört?
Was sollte – außer Geld - besser sein, weil es oft recht stört?
Es sollte auch eine kräftige Portion Achtung dabei sein?
Das ist gut - regiert doch oft nur schöner täuschender Schein
denn auch wenn man eure Arbeit wirklich braucht
im hektischen Tagesgeschäft ist manche Würde schnell verraucht
oder schon lange als zu „teure" Idee zu den Akten gelegt
und dann auch von der Geld-gehorsamen Politik rasch weggefegt
doch Anregungen soll die Arbeit mindestens geben und freundliche Begegnungen dazu
nun ja, mancher Zeitgenosse ist leider schon weiter: Der will nur noch seine Ruh'

hat mit der Zeit zu viel Schläge und Stöße auf die Seele bekommen
Ideale und Hoffnung sind ihm/ihr wie Papierschiffchen davon geschwommen
also gut, dann sollte die Arbeit zumindest nicht Ärger und Kummer bedeuten
und keine Drohung: Wenn dir das nicht gelingt kann dich morgen der Teufel reiten
denn deine Lieben zu Hause hängen doch von deiner Arbeit ab
also den Griffel gespitzt, schaffe schneller und mache nicht schlapp
das sei noch nicht alles - meint ihr? Dann lasst mich zum schönsten Sinn der Arbeit kommen:
Einander zu helfen, sich sicher zu fühlen und mit gutem Verdienst an- und mitgenommen
voll Mitgefühl, auch wenn das so nicht zu einem schnöden Produktionsfaktor passt
weil menschliche Nähe, Zeit und Zuneigung schnell mal Kosten veranlasst
- wie, ihr meint, so was ist nur ein netter Wunsch unter dem Weihnachtsbaum?
Nun ja, dass auch – obwohl, das wäre nicht der hinreichende Raum
für das, womit wir die meiste Zeit unseres Lebens verbringen
denn täglich sollten Achtung und Freundlichkeit mitschwingen
auch und besonders für die, die abseits vom Rampenlicht stehen
und still und oft gegen wenig Knete ihre Arbeit versehen
nicht geködert und nicht hoch gehoben von Karriereaussichten
die zur Seite gedrückt dennoch ihre Arbeit verrichten
doch Recht habt ihr: Das solches nicht passiert gehört zum wahren Wert
und wirkliche Achtung und Teilhabe ist nie verkehrt
denn was für ein kleiner Schritt wäre es bisweilen auf andere zuzugehen
als immer wieder verschreckt oder zurückgezogen wegzusehen?
Diese Kraft zur würdigen Arbeit wünsche ich euch das ganze Jahr
damit es bis nächstes Weihnachten vielleicht ein besseres war.

Weihnachtsbotschaft

Freut euch auf Weihnachten
wie Engel, als sie die Botschaft brachten
und seid doch nicht so genervt und gestresst:
Entspannt euch, lächelt und zelebriert sanft das Fest
und lebt die Botschaft der Liebe – haltet euch ran
keine Sorge, denn das ist etwas, was jeder auf seine Art kann
und genießt, was euch die Weihnachtstage reichlich schmeckt
seid fröhlich – viele Tische sind gut gedeckt
und vergesst und vergebt einander die Seelenbeulen und Wunden
lasst euch selbst und andere in der Weihnachtszeit gesunden
darum nehmt einander an, lasst die Vorwürfe und helft euch weiter
Weihnachten sei ein Ruhepunkt, besinnlich bis heiter
denn es markiert einen Umkehrpunkt und Neubeginn
durch eine Geburt und Liebe als Quelle und Lebenssinn

mit Unschuld auch – aber davon muss ich euch ja nichts erzählen
in einem Leben kann man nicht immer mit Vollkommenheit reagieren und wählen
also räumt beiseite was unwichtig oder lange vergangen ist
macht euch frei für der Liebe immer wiederkehrendes Fest
- was man sich ruhig täglich vornehmen sollte
denn ist es nicht das, was uns die Weihnachtsbotschaft lehren wollte?

Geschenk – eigentlich zu Weihnachten

Spät abends – nach einer Adventsfeier – kam ich heim
in der Küche, da saß meine Frau allein
und hatte 24 Lebkuchenherzen vor sich auf dem Tisch
die Mimik und Laune wirkten nicht mehr ganz frisch
„Ja was ist denn los – wieso 24 Lebkuchenherzen?"
Drang meine sorgenvolle Frage aus dem Herzen
Heute ist doch erst der 23 Dezember – oder habe ich deinen Geburtstag im Kalender
überlesen?
Der Hochzeitstag ist doch auch schon – wenn ich mich recht erinnere – im September
gewesen
da grummelte die meine: Mein Wintermantel ist nun schon 24 Jahre alt
schau doch, wie der ausschaut - und jetzt ist es draußen kalt
denn in dem sehe ich ja um Jahrzehnte älter aus
der macht aus mir eine graue Maus
da sagte ich noch leise – was vielleicht nicht das Beste war:
Aber diese Stoffqualität und deine Reife – nun, lassen wir ihre Antwort aus, die war klar
und in jedem Fall so deutlich, dass Alarmglocken läuten
und Weihnachten naht schnell – ich wusste nun, was soll es bedeuten
also lief ich am nächsten Tag – dem 24. Dezember in die Stadt
weil es da das größte Angebot an ähnlichen Mänteln hat
obwohl ich fand sie sah in ihrem Lodenmantel immer noch gut aus
also diese Übertreibung – von wegen graue Maus
und dennoch – ich lief durch Geschäfte, treppauf, treppab
doch das Angebot an passenden Mänteln war nun schon recht knapp
und dann die Preise – das Herz sagt ja, der Geldbeutel stöhnt nein
300, 400 Euro, und schon der 24. Dezember - das kann doch nicht sein
dieser Stress - ja bin ich denn unter Räuber und Halsabschneider geraten
die mit Höchstpreisen auf ein wehrloses und gehetztes Opfer warten
um ihm vor dem nahen Fest den Geldbeutel bis zum Grund zu leeren
alles Ganoven, um ihre Gewinne als Höchstes im Leben zu Weihnachten zu ehren
gewiss, wenn sie den neuen Mantel wieder 20 oder besser 30 Jahre trägt
dann lohnt sich das am Ende doch, wenn man es recht erwägt

aber wenn nicht? Ja kann denn das der Sinn des Weihnachtsfestes sein?

In solch schweren Entscheidungsmomenten fühlt man sich irgendwie allein

und zudem ist es doch jedes Jahr so dass nach Weihnachten die Preise für Wintermäntel sinken

ja vielleicht kann ich ihr das erklären und mit der Aussicht auf ein Schnäppchen winken

und doch ein Geschenk, das muss jetzt irgendwie her – wie komme ich sonst Heim?

Genau – ich kaufe einen schönen Karton und lege noch ein paar Lebkuchenherzen hinein

- wie ihr meint, sie wird mich dafür schimpfen, gar schlagen?

Nein, ihr kennt sie nicht: Sie wird mir weise etwas ganz Liebes sagen

und ich werde dann sofort nach Weihnachten rennen und laufen

um ihr den schönsten Mantel – auch für, sagen wir – sogar 350 Euro zu kaufen.

Arbeitgeber

Das weiß doch seit Jahrtausenden ein jeder:

Wer eine Frau / Mann hat braucht keinen Arbeitgeber

   - ach Pardon, das war das falsche Gedicht

   es geht doch um Weihnachten, um warmes Licht -

und die Seele entwickelt deshalb dickes Leder

begann man auch vor Jahren zart und fein wie eine Feder

   - oh je, schon wieder der falsche Text

   irgendwie sind die Worte verhext -

so ist man irgendwann auch gegerbt und grau

die Erwartungen zerknittert und die Stimmung flau

   - also wirklich, das sind nun heftige Zeilen

   wie sollen wir da bei weihnachtlichen Botschaften verweilen -

doch halt, jetzt habe ich den weihnachtlichen Gedanken wieder:

Ein schönes Geschenk – dazu gehört auch ein guter Arbeitgeber

deshalb ist jeder, der für gute Arbeiten, Achtung und Auskommen sorgt, recht

und wenn es der eigene Partner zu Hause ist – ist doch nicht schlecht?

Hektik und Umsatzsteigerung

Weihnacht und Weihrauch

- hustest du da manchmal auch?

Hörst du Chöre schon überall?

Aus vielen Lautsprechern der gleiche Schall?

Siehst du jetzt noch mehr Gehetze und Gerenne

dass man keine Adventsfeier und kein Geschenk verpenne?

Hoffst du schon du könntest endlich friedlich in ihren oder seinen Armen liegen

kein Festtags-Stress – sondern nur ein gemeinsames und entspanntes sich lieben?

Bist du also schon so weit, dass du dich freust, wenn danach wieder Ruhe einkehrt
und sich keiner über falsche Geschenke oder belastende Begegnungen beschwert?
Oder spürst du wie du vor lauter Erwartungsdruck schon richtig verspannt bist
und dich erst befreit entspannst, wenn alles vorüber ist?
Wenn sie verklingt, die klare Kunde
in aller Wirtschaftsverbände Munde:
Spare nicht und konsumiere noch mehr
sonst gibt das Geschäft nicht genug Gewinne her
und wir würden dir sonst dein Einkommen kürzen
kleinere Kapital-Einkommen? So lassen wir uns unser Fest nicht verwürzen
- doch sei beruhigt: Es folgen auch wieder stillere Tage
dass man nicht an permanentem Weihnachten verzage.
und all die Hektik und das Gerede werden wieder normal
Auch ein solchermaßen missglücktes Weihnachten gibt es pro Jahr nur einmal.

Familienfest

Weihnachten ist eine Zeit
die hält für ein Familienleben manche Risiken bereit
denn wer nicht aufpasst tappt in eine Grube hinein
und dagegen hilft auch kein glitzernder Schein
der über einer Krippe irgendwo strahlt und leitet
- wenn man zu Hause in eine Fallgrube gleitet
denn Weihnacht ist der Zeitpunkt, wo eine Hausfrau (so es sie noch gibt) so richtig zu rotieren beginnt
und der Mann unter „noch ein paar schnellen" Erledigungen und Einkäufen ertrinkt
und Kekse und Kuchen bisweilen vergessen im Backofen verbrennen
Termine sich bis zum Platzen verdichten und wir genervt hetzen und rennen
die Kinder vor den Arbeiten geradezu Instinkt gesteuert in den Zimmern verschwinden
weil sie plötzlich ganz entschieden dringende andere Aufgaben finden
die dann meistens in langen Telefonaten, Chatten oder PC-Programmen bestehen
womit sie im Ergebnis den häuslichen Arbeiten sehr effektiv entgehen
zumindest bis sich die höchsten und heftigsten Wogen verlieren
und Essen, Tannenzweige und Geschenke das Wohnzimmer zieren
wo sie dann plötzlich mit freudiger Erwartung ihre knappe Zeit den Eltern schenken
zumindest genug, damit diese sie mit Päckchen und Paketen ausführlich bedenken
auf deren Notwendigkeit die Kinderlein sie zuvor deutlich hingewiesen haben
damit das Outfit oder die Technik stimmen unter den Gaben
und nicht Vater oder Mutter wieder mal völlig daneben liegen
weil sie die entscheidenden Details nicht kennen und nur die Preise einbeziehen
also kaufen, was ihnen da irgendwie in ihren angestammten Shops in die Finger fällt

wovon die hoffnungsvolle Jugend aber bisweilen wenig hält

was sie einem dann mit einem duldsamen, gnädigen Lächeln zu verstehen gibt:

Vater, Mutter, mit dem Geschenk habt ihr es fast getroffen – genauer: fast versiebt

aber weil wir euch lieben und es nett gedacht war, werden wir es nutzen oder tragen

der gute Wille zählt – dass darf man seinen Eltern ja auch mal lobend sagen

doch denkt mal darüber nach, das nächste Mal uns stattdessen „Kohle" zu geben

das spart Arbeit und Zeit und wir finden schon etwas um die „Kröten" anzulegen

denn echt, die Klamotten sind doch Style „asozial"

und die Technik? Liebe Eltern, dieser PC ist eine Schnecke, eine Qual

und der Bildschirm? Der ist als Mäusekino zu betrachten

und der Mantel? Kann es sein, dass die Verkäufer lachten

über den Erfolg euch diesen Ladenhüter anzudrehen

haben die euch nicht gesagt: Der ist ganz toll - um wegzusehen?

Und aus welcher Tonne habt ihr denn das Buch gezogen

war das ein Tipp meiner Deutschlehrerin? Okay, deren Tipp ist immer gründlich verbogen

und mit der Kamera oder diesem Handy muss man ja gleich einen Trost dazu spenden

die sind doch schon seit Monaten überholt – die kann man nur in höchster Not verwenden

- und dann ist da noch Oma, im Grunde verträglich, auch wenn sie meint, dass sie „alles besser kann"

und der Hausfrau z.B. mitteilt: Wie der Braten wirklich schmackhaft werde, dass zeige sie ihr irgendwann

worauf die Hausfrau und wahre Herrscherin des Hauses süß-sauer etwas verkniffen lächelt

und diesen Plan mit einem „irgendwann im nächsten Jahr " wie einen Spuk weg fächelt

dann Oma an den Schultern nimmt und zur Küchentüre rausschiebt

„Unterhalte dich mal mit deinem Sohn, weil der deine Küchentipps besonders liebt"

still denkend: Weil der dir nicht offen widerspricht und wieder nur wie abwesend grinst

na warte Mann, nach Weihnachten reden wir darüber, damit du nicht immer so einfach gewinnst

was dann übrigens die zarte und liebende Ehefrau ebenso weise wie sicher nach Weihnachten nicht macht

sondern Schweigen darüber deckt, geduldig, menschenfreundlich und sacht

womit ich hier gleich ende, denn ihr seht: Weihnachten wartet mit echten Herausforderungen auf

und nichts und keine Vorkehrung verlegt dieser Lawine Lauf

also bleibt tapfer, baut Burgen des Lächelns und der Liebe

denn von diesen hohen Zinnen aus geratet ihr nicht so tief in das Weihnachts-Getriebe

solange ihr eure tiefe Zuneigung fest gemauert zu den Festtagen - und auch sonst - zeigt

damit keiner in eine Fallgrube stürzt und darin für längere Zeit bleibt

und übrigens: Wer dachte, das Gedicht endet mit Grube und Schlange

sei beruhigt: So ausweglos ist Weihnachten nicht – keine Bange.

Es hat sich nicht viel geändert

Die Menschheit stellt sich auch heute noch so dar
wie sie seit hunderttausenden Jahren war:
Als die immer wieder gleichen Urzeit-Affen
die sich paaren, kratzen, brüllen, toben und raffen
um mit Imponiergehabe – weib- wie männlich - aufzustampfen
und vor Lust und Frust zu schnaufen, zu raufen und zu dampfen
von Mitgefühl und Einfühlsamkeit bisweilen nur eine dünne Spur
dabei aber so verletzlich wie bedürftig, empfindsam, ausdauernd und stur
eine Mischung, die in Gedanken immer noch ein wenig von Ast zu Ast schwingt
und enttäuscht grunzt, wenn am Boden nur ein Hüpfer gelingt
weshalb man bisweilen überdeutlich und ungewollt versteht:
Man ist auch noch etwas Affe, auch wenn man auf zwei Beinen geht
weshalb dies für Weise und z.B. Christen eine große Herausforderung bleibt
wenn sich bei einem selbst oder bei anderen wieder mal das Tierchen zeigt
weil eine Seele aufgebracht durch das Geäst der Launen schwingt
und dabei sich und anderen gewiss keine Weihnachtsbotschaft bringt
von der man doch jeden Tag ein wenig braucht
damit man nicht wie unsere Urzeit-Kollegen schnauft
sondern zarte und gute Schwingungen vernimmt
weihnachtlich freundlich und wohl gestimmt
- die wir uns manchmal vollendet schenken
wenn wir die Sinne zum Schönsten und Guten hinlenken.

Leasingvertrag schenken

Weihnachten kommt: Schon mal über ein Partner-Leasing als Geschenk nachgedacht?
Ob das unter dem Weihnachtsbaum Freude macht?
Also schon mal erwogen Partner oder Kinder zu leasen?
Mit Rückgaberecht, wenn sie einem den Morgen vermiesen?
Einfach und schnell mit garantiertem Rückgabewert
bevor sie oder er einem nur noch den Geldbeutel leert?
Und wirkt sie oder er launisch und nicht mehr ganz frisch
kommt ein neues Modell unter die Decke oder an den Tisch?
Und man müsste dann Älteres – und sich selbst – weniger aufpolieren
Gebrauchtes wäre einfach auszutauschen statt zu renovieren
und zudem entspräche dies der allseits hoch gelobten Flexibilität
die erst mit so einem Leasingvertrag richtig gut gerät
deshalb frage ich euch zu Weihnachten: Wo ist eure globale Wendigkeit?
Seid ihr denn für die Marktwirtschaft und ihre Macht-Beziehungen noch nicht bereit?
Natürlich wird man selbst nicht gerne als Schwächerer benutzt und auf die Straße gestellt

selbstverständlich möchte man das ein/e andere/r verlässlich zu einem hält

doch wenn du vermögend bist: Leasing gibt dir eine Freiheit ohne Partner-Verschleiß

durch eine garantierte Austauschmöglichkeit zu einem vorab zugesicherten Preis

und hat man das eigentlich gute alte Modell doch nach Jahren satt

schmeichelt es nicht mehr der eigenen Größe, wirkt etwas abgespannt und matt

dann weg damit – ein angesagteres Modell ist gegen etwas höhere Monatsraten leicht zu haben

um sich an etwas Neuem mit weniger Kratzern und Beulen zu laben

und die Leasingraten sind im Weltmarkt immer leichter zu finanzieren.

das Angebot wird immer größer – würde dich das nicht faszinieren?

Vielleicht sogar als Betriebskosten steuerlich absetzbar – womit man richtig genießt

und das, was mal schmollt, nörgelt, kritisiert kommt weg – wird neu geleast

nur gibt es da ein kleines Problem: Liebe wird so nicht so recht geschenkt

aber vielleicht findet da ein Jurist noch eine Verpflichtungsklausel, wenn er es gut bedenkt

- solltet ihr aber dennoch ein paar letzte Zweifel haben

so legt besser keinen Leasingvertrag zu den Weihnachtsgaben

und nehmt die Euren bewährt, einfach und innig in den Arm

als eine Form der Weihnachtsbotschaft – herrlich herzlich, achtungsvoll, schön und warm

- und übrigens: Sollte er oder sie sich immer noch Mühe geben und euch lieben

dann überlegt nicht, welche Verträge dem zu Grunde liegen.

Verblasste Kunde

Was ist im Kern die weihnachtliche Kunde?

Fragen wir doch mal in die Runde:

Ist es wie da Eltern ihr Kind fürsorglich aufzogen?

Dass sie ihm von ihrer Liebe eine lebendige Botschaft mitgaben?

Das wir heute wissen, was damals keiner auf Erden wusste:

Das dieser Mensch am Schluss am Kreuz für seine Überzeugung sterben musste?

Doch damals ahnte noch niemand, welch Ende es mit ihm nahm

als das Kind da arm im Winter in einem Stall auf die Erde kam

und die Engel? Diese Boten hat kaum jemand gesehen

die Könige und ihre Geschenke? Nur kurz erwähnt im Vorübergehen

denn die ritten rasch wieder davon, blieben wohl keinen Tag

bei einem Kind, dass da so ärmlich in einer Krippe lag

und worüber hätten sie mit ihm auch schon sprechen sollen?

Mit einem Baby über des Himmels Wirken, Walten und Wollen?

Blicken wir also zurück: Das Ereignis im Kuhstall fand zunächst wenig Aufmerksamkeit

es war eine in der damaligen Zeit übliche Geburt vielleicht mit Freude, Armut und Leid

auch wenn mancher heute denkt, er wäre gerne von Anfang an dabei gewesen:

Von Windeln, Geschrei, durchwachten Nächte ist nichts in der Bibel zu lesen

und den Stress der Eltern muss man ja nun auch nicht immer teilen
also könnte man über diesen Lebensabschnitt zügig hinweg eilen
was die alten Texte übrigens auch geflissentlich tun
womit diese Abschnitte im Dunkel der Geschichte ruh'n
und doch feiern wir das Ereignis mit einem leuchtenden Fest:
Weil es der immer wieder der neue Beginn einer Hoffnung ist
es könnte uns im nächsten Jahr besser - oder wieder – gelingen, uns und andere zu lieben
mitfühlender zu leben – nicht nur durch herrschen, sondern durchgeben
wobei Mächtigere die Schwächeren genauso achten und im Leben mitnehmen
ohne arrogant zu bevormunden und scheinbar über anderen zu schweben
und dabei auch „Geringere" achten und ihnen helfen statt zu gieren
zu unterstützen statt zu protzen und zu stolzieren
kurzum: Liebe zu leben und Geborgenheit zu schenken
und manches Missgeschick in freundliche Bahnen zu lenken
- denn wenn wir dies nicht mehr versuchen haben wir Weihnachten und Christus verpasst
und was Christus sein könnten verblasst.

Verblasst Weihnachten

Was ist im Kern die weihnachtliche Kunde?
Fragen wir doch mal in die Runde:
Ist es das wie zwei junge Eltern ihr Kind fürsorglich aufzogen?
Dass sie ihm von ihrer Liebe eine lebendige Botschaft mitgaben?
Das wir heute wissen, was damals keiner auf Erden wusste?
Das dieser Mensch dereinst am Kreuz für seine Überzeugung einstehen musste?
Doch damals ahnte noch niemand, welch Ende es mit ihm nahm
als das Kind da arm im Winter in einem Stall auf die Erde kam
und die Engel? Diese Boten hat wohl so recht niemand gesehen
die Könige und ihre Geschenke? Nur kurz erwähnt im Vorübergehen
denn die ritten rasch wieder davon, blieben wohl keinen Tag
bei einem Kinde, dass da so ärmlich in einer Krippe lag
und worüber hätten sie mit ihm auch schon sprechen sollen?
Mit einem Baby über des Himmels und der Welt Wirken, Walten und Wollen?
Blicken wir also zurück: Das Ereignis im Kuhstall fand zunächst wenig Aufmerksamkeit
es war eine in der damaligen Zeit übliche Geburt mit Freude, Armut und Leid
auch wenn mancher heute denkt, er wäre gerne von Anfang an dabei gewesen
mit Windeln, Geschrei, durchwachten Nächten – das ist nicht mal in der Bibel nachzulesen
und den Stress der Eltern muss man ja nun auch nicht immer teilen
also könnte man über diesen Lebensabschnitt zügig hinweg eilen
was die alten Texte übrigens auch geflissentlich tun
womit diese Abschnitte im Dunkel der Geschichte ruh'n

und doch feiern wir das Ereignis mit einem leuchtenden Fest:
Warum? Weil es der immer wieder neue Beginn einer Hoffnung ist
es könnte uns im nächsten Jahr gut oder besser gelingen den anderen wie uns selbst zu lieben
mitfühlender zu leben – nicht durch herrschen, sondern durchgeben
um die anderen wie uns selbst zu achten und im Leben mitzunehmen
nicht arrogant zu bevormunden oder über ihnen zu schweben
sondern auch Schwächere zu achten und zu helfen statt zu gieren
zu unterstützen statt zu protzen und zu stolzieren
kurzum: Liebe zu leben und Geborgenheit zu schenken
und manches Missgeschick in freundliche Bahnen zu lenken
- denn wenn wir dies nicht mehr anstreben haben wir Weihnachten verpasst
und was Christus den Christen sein könnte verblasst.

Geschenk unter dem Weihnachtbaum

Was in der Bibel steht
besagt: Dass der Mensch nie ganz vergeht
denn nach der Erde sei ein Platz im Himmel für ihn frei
- auch wenn das mit einer gewissen Unsicherheit verbunden sei
weil die Mitleid- und Herzlosen dann in einer Hölle braten
und fast alle hoffen, dass sie vielleicht nicht nur Erde und Staub erwarten -
doch gewiss ist: Jeden Tag sollte man mit Liebe und Fürsorge begrüßen
auch wenn wir das Gespür dafür bisweilen ein wenig einbüßen
weil wir erschöpft sind, bedrängt, einsam, egoistisch oder selbst nach Hilfe fassen
wenn uns Knüppel treffen die so gar nicht zu unserem Hirn, Herz und Hintern passen
wo doch die Antwort so einfach in uns und eigentlich in jedem liegt:
Liebe und Mitgefühl sind das, was wirklich wiegt
und übrigens: Diese einfache Weisheit wieder neu anzunehmen
dafür sind Weihnachtsfesttage günstig – um Liebe neu zu leben.

Treuer Josef

Jesus und Maria haben es zu höchstem irdischem Ansehen gebracht
doch Josef hat es nie auch nur annähernd so weit geschafft
was vielleicht die Erinnerung in eine etwas falsche Richtung lenkt
wenn man die Geschichte von damals so recht bedenkt:
Maria mit dem Kinde
ward einst schwanger – und das so jung wie geschwinde
doch der göttliche Vater ward zunächst verstreut mit dem Wind
so blieb im ersten Moment nur der Josef als Ernährer für das Kind
was Maria in der Situation gerade recht zupassekam

hielt doch nun der Josef sie bei Laune und warm
zumal der Josef mit seinem Schreiner-Beruf auch Geld verdiente
und fortan für das Kind den guten Vater spielte
wobei der richtige Vater des Kindes zwar im Himmel saß
doch glücklicherweise der Josef stattdessen das harte Brot des Ernährers aß
und so sollte man auch der aufopfernden Rolle des Josef gedenken
und einen herzlichen Dank mal in seine Richtung lenken
und nicht nur Maria und das Kind in der Krippe betrachten:
Denn auch die Ernährer anderer Väter Kinder sind hoch zu achten.

Weihnachtswünsche – eine Version für den öffentlichen Dienst

Welchen Sinn hat für Euch die Erwerbsarbeit?
Immerhin verbringt ihr damit eures Lebens beste Zeit
Ist es das – im öffentlichen Dienst eher geringe - Geld?
Gewiss, auch Geld ist wichtig, weil es Leib und Seele zusammenhält
habt ihr meist auch zu wenig, denn ihr geltet als öffentlich Beschäftigte meist als zu teuer
und die Gunst der Wähler vermasselt nun mal immer als erstes eine für Gehälter höhere
Steuer
die ihr kosten würdet, wenn ihr wie andere im Staate leben wollt
also haltet euch zurück – hier wird nicht für Geld herumgetollt
und liegt damit eure Hoffnung auf Kohle – wie es andere haben - anhaltend brach
tröstet ihr euch als öffentlich Bedienstete schon mal mit einem himmlisch jenseitigen Danach
dann fragt euch doch mal: Was bietet mir meine Arbeit noch?
Fast alle die ich kenne schaffen hier sehr diszipliniert immer noch
und deshalb sollte eine kräftige Portion Achtung dabei sein?
Das ist gut - regiert doch bisweilen eher der schöne Schein
denn auch wenn man eure Arbeit wirklich braucht
ist eine Anerkennung eurer Arbeit zumeist schon im Ansatz verraucht
oder rasch als selbstverständlich zu den Akten gelegt
zudem von manch flauem Lüftchen der Politik weggefegt
doch Anregungen soll die Arbeit geben und freundliche Begegnungen dazu
nun ja, mancher Zeitgenosse ist schon weiter. Der will nur noch seine Ruh'
hat mit der Zeit zu viel Püffe und Stöße in die Seele bekommen
Ideale und Hoffnung sind ihm wie Papierschiffchen davon geschwommen
also gut, dann soll Arbeit zumindest nicht Ärger und Kummer bringen
ohne Drohung: Wenn dir das nicht gelingt wirst du morgen mit viel Unverständnis ringen
was besonders schmerzt, denn deine Lieben hängen von deiner Arbeit ab
also den Griffel gespitzt, schaffe schneller und mache nicht schlapp
- das sei eine zu pessimistische Sicht, meint ihr? Dann lasst mich zum schönsten Sinn der
Arbeit kommen:

Einander zu helfen, zu inspirieren, sich sicher zu fühlen, an- und mitgenommen
voll Mitgefühl, auch wenn das so nicht zu einem schnöden Produktionsfaktor passt
weil menschliche Nähe, Zeit und Zuneigung schnell mal Kosten veranlasst
- wie, ihr meint, so was gehört als Wunsch unter den Weihnachtsbaum?
Nun ja, dass auch – obwohl, das reicht wohl kaum
für das, womit wir die meiste Zeit unseres Lebens verbringen
da sollte doch richtig Achtung und Freundlichkeit mitschwingen
besonders für die, die abseits vom Rampenlicht stehen
und doch still und oft gegen recht wenig Knete ihre Arbeit versehen
nicht geködert und hoch gehoben von Vermögen und Karriereaussichten
die übergangen und zur Seite gedrückt dennoch zuverlässig ihre Arbeit verrichten
denn die Warmherzigkeit gibt dem Arbeitsleben wahren Wert
und wirkliche Achtung und Teilhabe ist nie und nirgends verkehrt
denn was für ein kleiner Schritt wäre es bisweilen auf andere zuzugehen
als immer wieder verschreckt oder zurückgezogen wegzusehen
oder sich selbst so groß aufzublasen wie ein Luftballon
als das größte und beste – wer glaubt denn das schon?
Wie schön ist es hingegen sich selbst nicht zu verschließen
und andere zu ermuntern, damit sie nicht verdrießen?
Diese Kraft wünsche ich euch für das kommende Jahr
damit ihr nächstes Weihnachten vielleicht sagt, dass es ein gutes Jahr war.

Was uns Weihnachten sagen könnte

Freut euch auf Weihnachten
und benehmt euch wie Engel, als sie die Botschaft brachten
also seid doch bloß nicht so genervt und gestresst:
Entspannt euch, lächelt, zelebriert das Fest
und lebt heute die Botschaft der Liebe – haltet euch rann
keine Sorge, das ist etwas, was jeder auf seine Art kann
und genießt, was euch die Weihnachtstage reichlich schmeckt
seid fröhlich – die meisten Tische sind gut gedeckt
und vergesst und vergebt einander die Seelenbeulen und Wunden
lasst Seelen in der Weihnachtszeit gesunden
und nehmt einander ohne Vorwürfe an und helft euch weiter
Weihnachten sei ein Ruhe- und Umkehrpunkt, besinnlich und heiter
denn es markiert auch einen Anfang und Neubeginn
Vergebung und Liebe sind die Quelle und der Sinn
eine gewisse Unschuld auch – aber davon muss ich euch ja nichts erzählen
ein Leben kann man nicht immer mit Vollkommenheit gestalten und wählen
und dennoch oder deswegen: Singt laute Lobeshymnen auf die Euren und was gelang

das Leben hat auch Glanz und Wärme - trotz allem schicksalhaften Hang
also räumt einfühlsam beiseite was unwichtig oder lange vergangen ist
macht euch offen und frei für der Liebe wiederkehrendes Fest
- was man sich ruhig öfters - vielleicht täglich - neu vornehmen sollte
denn ist es nicht das, was uns die Weihnachtsbotschaft lehren wollte?

Ein Geschenk muss her

Spät abends – nach einer Weihnachtsfeier – kam ich heim
in der Küche, da saß die meine allein
und es lagen 4 rote große Kerzen vor ihr auf dem Tisch
und die Mimik und Laune wirkten nicht mehr ganz frisch
„Ja was ist denn los – was bedeuten die drei Kerzen?"
drang meine sorgenvolle Frage aus dem Herzen
„Und heute ist doch der 23 Dezember – habe ich irgendetwas überlesen?
Der Hochzeitstag ist doch – wenn ich mich recht erinnere – im September gewesen?"
Da grummelte die meine: „Mein Wintermantel ist nun schon fast 30 Jahre alt
schau doch, der ist altmodisch, und jetzt ist es draußen kalt
und in dem sehe ich ja um Jahrzehnte älter aus
der macht aus mir ja eine graue Maus."
Da sagte ich noch leise – was vielleicht nicht das Beste war:
„Aber diese Stoffqualität und deine Reife" – nun, lassen wir ihre Antwort aus, die war klar
und in jedem Fall so deutlich, dass größere Alarmglocken läuten
und Weihnachten naht schnell – ich wusste nun, was soll es bedeuten
also lief ich am nächsten Tag – dem 24. Dezember in die Stadt
weil es da das größte Angebot an ähnlichen Mänteln hat
obwohl ich fand sie sieht in ihrem Mantel immer noch proper aus
also diese Übertreibung – von wegen graue Maus
und dennoch – ich lief durch Geschäfte, treppauf, treppab
viele Mäntel gab's, doch irgendwie war das Angebot inzwischen knapp
und die Preise – das Herz und der Geldbeutel stöhnen ein „nein"
200, 300 Euro, und schon der 24. Dezember - das kann doch nicht sein
und dieser Stress - ja bin ich denn unter Räuber und Halsabschneider geraten
die mit Höchstpreisen auf ein wehrloses und gehetztes Opfer warten
um ihm vor dem nahen Fest den Geldbeutel bis zum Grund zu leeren
in einer Schlacht, um eine völlig übertrieben Dividende von irgendjemandem zu ehren?!
Gewiss, wenn sie den Mantel wieder mindestens 20 oder gar 30 Jahre trägt
dann lohnt sich das am Ende doch, wenn man es recht erwägt
aber wenn nicht? Ja kann denn das der Sinn des Weihnachtsfestes sein?
In solch schweren Entscheidungsmomenten fühlt man sich sehr allein
und zudem ist es doch jedes Jahr so dass nach Weihnachten die Preise für Mäntel sinken

ja vielleicht kann ich ihr das erklären und mit der Aussicht auf ein Schnäppchen locken und winken
und doch ein Geschenk, das muss jetzt irgendwie her – wie komme ich sonst Heim?
Genau – ich kaufe einen schönen Briefumschlag und lege einen Engel in einem Mäntelchen hinein
- wie ihr meint, sie wird mich nicht verstehen, gar schimpfen und verzagen?
Nein, sie wird mir weise und nachsichtig etwas ganz Liebes sagen
und ich werde dann sofort nach Weihnachten mit ihr im Arm rennen und laufen
um ihr den schönsten Mantel – auch für, sagen wir – sogar bis zu 300 Euro zu kaufen.

Das entglittene Weihnachtsgedicht

Das weiß doch seit Jahrtausenden ein jeder:
Wer eine Frau hat braucht keinen Arbeitgeber
  - ach Pardon, das war das falsche Gedicht
  es geht doch um Weihnachten, also um warmes Licht -
und seine Seele entwickelt deshalb dickes Leder
begann sie vor Jahren auch zart und fein wie eine Feder
  - oh je, schon wieder der falsche Text
  irgendwie sind die Worte verhext -
so ist Er oder Sie am Ende manchmal gegerbt und grau
die Erwartungen zerknittert, die Stimmung flau
  - also wirklich, das sind nun heftige Zeilen
  wie sollen wir da bei weihnachtlichen Botschaften verweilen -
doch halt, jetzt habe ich den weihnachtlichen Gedanken wieder:
Ein schönes Geschenk – dazu gehört auch ein guter Arbeitgeber
deshalb ist jeder, der für gute Arbeiten, Achtung und Auskommen sorgt, recht
und wenn es mal der eigene Partner zu Hause ist – dann ist das doch auch nicht schlecht?

Einmal pro Jahr

Weihnacht und Weihrauch
- hustest du da manchmal auch?
Hörst du Chöre und Werbesprüche schon überall?
Aus vielen Lautsprechern der gleiche Schall?
Siehst du jetzt noch mehr Gehetze und Gerenne
dass man keine günstige Gelegenheit und kein Geschenk verpenne?
Hoffst du schon du könntest endlich friedlich in ihren oder seinen Armen liegen
kein Festtags-Stress – sondern nur ein gemeinsames und entspanntes sich lieben?
Bist du also schon so weit, dass du dich freust, wenn danach wieder Ruhe einkehrt

und sich keiner über falsche Geschenke oder Begegnungs-Stress beschwert?
Oder spürst du wie du vor lauter Erwartungsdruck schneller gealtert bist
und innig hoffst, dass es doch nur bald vorüber ist?
Wenn sie verklingt, die vergiftete Kunde
in aller Wirtschaftsverbände Munde:
Spare nicht und konsumiere noch mehr
sonst gibt das Geschäft nicht genug Kapitalverzinsung her
und wir werden dich entlassen oder dein Einkommen kürzen
weniger Rendite für Vermögende? So lassen wir uns unser Fest auf keinen Fall verwürzen
- doch sei beruhigt: Es folgen auch wieder stillere Tage
dass man nicht an permanentem Weihnachten verzage
denn danach werden all die Hektik und das Gerede wieder normal:
Weihnachten gibt es pro Jahr nur einmal an der Zahl.

Keine Bange

Weihnachten ist eine Zeit
die hält für das Familienleben manche Risiken bereit
denn wer nicht aufpasst tappt in ein Fettnäpfchen hinein
und dagegen hilft dann auch keines goldenen Sternes Schein
der über einer Krippe irgendwo strahlt und leitet
- wenn man zu Hause mit einer Unachtsamkeit ausgleitet
denn Weihnacht ist der Zeitpunkt, wo die Hausfrau so richtig zu rotieren beginnt
und der Mann unter „noch ein paar schnellen" Erledigungen ertrinkt
Kekse und Kuchen bisweilen vergessen im Backofen verbrennen
Termine sich bis zum Platzen verdichten und wir genervt hetzen und rennen
die Kinder vor den Arbeiten geradezu instinktiv in den Zimmern verschwinden
weil sie plötzlich ganz entschieden dringende andere Aufgaben finden
die dann meistens in langen Telefonaten, Chatten oder PC-Programmen bestehen
womit sie im Ergebnis den häuslichen Arbeiten wirkungsvoll entgehen
zumindest so lange bis sich die heftigsten Wogen verlieren
und Essen, Tannenzweige und Geschenke das Wohnzimmer zieren
wo sie dann plötzlich mit freudiger Erwartung etwas Zeit den Eltern schenken
genug, damit diese sie mit Geschenken bedenken
auf deren Notwendigkeit die Kinderlein sie zuvor deutlich hingewiesen haben
damit das Outfit oder die Technik stimmen unter den Gaben
und nicht Vater oder Mutter wieder mal völlig daneben liegen
weil sie die entscheidenden Details nicht kennen und nur die Preise einbeziehen
also kaufen, was ihnen da irgendwie in ihren gewohnten Shops in die Finger fällt
wovon die hoffnungsvolle Jugend aber bisweilen wenig hält
was sie einem dann mit einem duldsamen, gnädigen Lächeln zu verstehen gibt:

„Vater, Mutter, mit dem Geschenk habt ihr es fast getroffen – na ja genauer: eigentlich versiebt

aber weil wir euch lieben und es nett gedacht war, werden wir es nutzen oder tragen

denn der gute Wille zählt – dass darf man seinen Eltern ja auch mal lobend sagen

doch denkt mal darüber nach, demnächst vielleicht eher Kohle rüber zu geben

das spart Arbeit und Zeit und wir finden schon etwas um die Kröten anzulegen

denn echt, die Klamotten sind doch Style „asozial"

und die Technik? Vater, dieser PC ist eine Schnecke, eine Qual

und der Bildschirm? Mausekino kann man damit betrachten

und der Mantel? Kann es sein, dass die Verkäufer lachten

über den Erfolg euch diesen Ladenhüter anzudrehen

haben die euch denn nicht gesagt: Der ist ganz toll - um wegzusehen?

Und aus welcher Tonne habt ihr denn das Buch gezogen

- war das ein Tipp meiner Deutschlehrerin? Danke, die hat es wieder gründlich verbogen

und mit der Kamera oder diesem Handy muss man ja gleich einen Trost dazu spenden

die sind doch schon seit Monaten überholt – die kann man nur bei höchster Not anwenden."

Und dann ist da noch Oma, im Grunde verträglich, solange sie nur in der Küche alles besser kann

womit sie der Hausfrau z.B. mitteilt: Wie der Braten wirklich gut werde, dass zeige sie ihr irgendwann

worauf die Hausfrau und wahre Herrscherin des Hauses süß-sauer'und verkniffen lächelt

und diesen Plan mit einem „irgendwann im nächsten Jahr " wie einen Spuk weg fächelt

sodann Oma an den Schultern nimmt und zur Küchentüre rausschiebt

„Unterhalte dich mal mit deinem Sohn, weil der deine Küchentipps so liebt"

still denkend: „Weil der dir nicht widerspricht und wieder nur still grinst

na dann, lieber Mann, nach Weihnachten reden wir darüber, damit du nicht immer so einfach gewinnst"

was dann übrigens die zarte und liebende Ehefrau ebenso weise wie sicher nach Weihnachten nicht macht

sondern Schweigen darüber deckt, geduldig, menschenfreundlich und sacht

womit ich hier ende denn ihr seht: Weihnachten wartet mit echten Herausforderungen auf

und nichts und keine Vorkehrung verlegt dieser Lawine Lauf

also bleibt tapfer, baut Burgen des Lächelns und der Liebe

denn sonst geratet ihr in einer Feldschlacht heftigstes Getriebe

also ummauert eure tiefe Zuneigung recht fest, dass sie Weihnachten übersteht

damit keiner in einer Fallgrube der Enttäuschung untergeht

und übrigens: Wer dachte, das Gedicht endet mit Grube und Schlange

sei beruhigt: So ausweglos ist Weihnachten nicht – keine Bange.

Unvollendete Evolution

Die Menschheit stellt sich auch heute noch so dar
wie sie es seit hunderttausenden Jahren war:
Als die manchmal immer noch gleichen Urzeit-Affen
die sich da kratzen, brüllen, toben und raffen
um mit Imponiergehabe – weib- wie männlich - aufzustampfen
vor Lust und Frust zu schnaufen, zu raufen und zu dampfen
von Mitgefühl und Einfühlsamkeit bisweilen nur eine dünne Spur
dabei aber so verletzlich wie bedürftig, empfindsam, ausdauernd und stur
als eine Mischung, die in Gedanken immer noch von Ast zu Ast schwingt
und enttäuscht grunzt, wenn am Boden angekommen nur ein Hüpfer gelingt
weshalb man bisweilen überdeutlich und ungewollt versteht:
Man ist immer noch etwas Affe, auch wenn man auf zwei Beinen geht
weshalb dies für Weise und Zärtliche eine große Herausforderung bleibt
wenn sich bei einem selbst oder beim anderen wieder mal das Tierchen zeigt
weil eine Seele aufgebracht durch das Geäst der Launen schwingt
und dabei sich und anderen gewiss keine Weihnachtsbotschaft bringt
von der doch jeder Tag ein wenig braucht
damit man nicht wie unsere Urzeit-Kollegen schnauft
sondern freundliche und gute Schwingungen vernimmt
- bist du heute freundlich und wohl gestimmt?

Was Weihnachten besagt

Was in der Bibel steht
besagt: Dass der Mensch nie ganz vergeht
denn nach der Erde sei vielleicht ein Platz im Himmel für ihn frei
- auch wenn das mit einer gewissen Unsicherheit verbunden sei
weil die Mitleid- und Herzlosen dann bestimmt in einer Hölle braten
während andere meinen, dass uns vielleicht nur Erde und Staub erwarten -
doch gewiss ist: Jeder Tag ist mit Liebe und Fürsorge zu begrüßen
auch wenn wir das Gespür dafür bisweilen ein wenig einbüßen
weil wir erschöpft sind, bedrängt und einsam selbst nach Hilfe fassen
wo uns Knüppel treffen, die so grob nicht zu unserem Hirn, Herz und Hintern passen
wobei doch die Antwort so einfach eigentlich in jedem liegt:
Liebe und Mitgefühl sind am Ende das, was wirklich zählt und wiegt
und übrigens: Diese einfache Weisheit wieder neu zu beleben
dafür ist an den Weihnachtstagen Gelegenheit – um sie als größtes Geschenk neu
anzunehmen.

Eine (Sozial-) Ministerin, Betriebsweihnachtsfest irgendwann um 2012 herum

Entenbeinchen und Ministerin
Wo steckt der größere Reiz drin?
Nun, ein gebratenes Entenbeinchen hat zarte Kruste und feine Soße
die Ministerin hat auch eine Kruste und steckt wie rein gestopft in einer zu enden Hose
gewiss, das hört sich noch nicht sehr ähnlich an
doch die Soße klebt am Beinchen ebenso wie die Hose an der Ministerin dran
doch das war auch schon das Gemeinsame: Ein Entenbeinchen erfreut mit Geschmack und Beilage
dazu hat eine redende Ministerin nun leider keine entsprechende Gabe
sondern spricht laut an den Mitarbeitern vorbei von sich statt Anerkennung zu formulieren
und versucht ihre Rede mit ihrer Tagespolitik irgendwie festlich zu verzieren
betont die Wichtigkeit nicht nur gut zu arbeiten, sondern sie als Ministerin toll zu verkaufen
und bei hoch verdichteten Presseterminen noch schneller für sie zu laufen
und während ein Entenbeinchen ein Schmeicheln der Sinne initiiert
ist der Wortfluss der Ministerin eher wie ein Mückenschwarm der irritiert
die eine weg fächelnde Handbewegung zur Folge hat
- wie schön ist doch das Essen ist: Davon wird man wenigstens satt
und schaut auch gerne ins kommende Jahr und hört bei der Rede weg
so erfüllt eine Ministerin als Hintergrundrauschen noch einen Zweck
also kann sie von mir aus nächstes Weihnachten wieder ihre Rede halten
ist okay, so lange die Entenbeinchen dadurch nicht erkalten.

Angekommen

Nach einem langen Tag vor der Haustür gestrandet
manch nette Lebensenergie in der Arbeit versandet
so suchst du nach dem Schlüssel in deiner Tasche
und kramst zunehmend ungeduldig in deiner Wäsche
wo sich das Schließmetall denn nun endlich wiederfinde
dass man die einladende, doch geschlossene Türe überwinde
denn du hast deine Träume doch nicht durch den Tag getragen
um hier nun müde vor der Türe zu versagen
doch da öffnet Sie (oder Er) die Türe und eine Sonne geht auf
und du eilst mit neuen Kräften die Treppe hinauf
um sie (ihn) in den Arm zu nehmen, zu küssen und zu wiegen
Nase und Wange aneinander zu reiben und eigentlich alles zu lieben
erlöst von mancher Last, Sorge und manchem Leide
- wie, ihr meint, dass ich mit so einer Geschichte übertreibe?
So manche Heimkehr sei eher müde, gar wie ein Walfisch, der erschöpft strandet?

Eine auslaufende Welle, die kaum noch schäumt und brandet?
Nein, das glaube ich nicht, es sollte doch immer wieder gelingen
dass wir einander einen schönen Empfang bereiten und einen solchen finden
fast so etwas wie ein tägliches kleines Weihnachtsfest
dass uns immer wieder auf den Abend und einen neuen Tag hoffen lässt.
(P.S.: Die hier nicht namentlich genannte Sie (Er), die wie eine Sonne die Türe öffnet
ist ein wahres Märchen – doch über ihren Namen wird hier nichts weiter berichtet).

Liebe

Was stolzierst du herum – das zerrt an den Nerven
schrumpfe mal wieder – sonst bist du zum wegwerfen
schließlich bist du kein Gott, Engel oder Weihnachtsmann
einer von denen, der oder die durch den Himmel fliegen kann
sondern ein Mensch voll Eigenarten und Gaben
so manches davon nur bescheiden und einfühlsam zu ertragen
und bist du auch für dich selbst König oder Königin in deinem Reich
so bleibst du stets ein Mensch den Menschen gleich
und bist mal schön und liebenswürdig, mal grau und vergnatzt
heute ein Segen und morgen selbst zutiefst verletzt
kurzum: Ein vielschichtiger Mensch mit begrenzten Nerven
also schenke Liebe – sonst bist du zum Wegwerfen.

Weihnachtslicht

Ich sah viele Lampen und Licht
- doch Weihnachten sah ich nicht
waren die Schaufenster auch voller Geschenke und Gaben
- doch eine liebevolle Umarmung ist nicht für Geld zu haben
und in keiner kommerziellen Weihnachtsmarktkrippe lag ein junges Leben
um Zukunft, Nähe und liebevolle Augenblicke zu geben
und so begegnet man gerade zur Weihnachtszeit
vielen wartenden Menschen, erschöpft, müde, doch bereit
die Weihnachtsbotschaft in sich aufzunehmen
um davon ein weiteres Jahr aus Liebe zu leben
und das Schneckenhaus der Seele zu verlassen
- solange wir uns in Herzlichkeit innig umfassen.

Verreiste Engel?

Wo bleiben denn die Engel unterm Jahr

nachdem Weihnachten ihre Hochkonjunktur war?
Und was wird aus der weihnachtlichen Botschaft mit den Tagen
wenn wieder Alltag, Müdigkeit und Gewohnheit an uns nagen?
In welch vergessenem Eck lagern dann so manche Vorsätze und Werte
die uns der Geburtstag des Friedensstifters zu Weihnachten bescherte
wenn der Alltag deine Erschöpfung und Sorgen vermehrt
und sich so manch nett Gewolltes ins Gegenteil verkehrt?
Wenn du also mal wieder bedrängt und beladen bist
dass es dir die Seele drückt und an der Zuversicht frisst
- dann erinnere dich an die Botschaft zum Weihnachtsfest
dass es dich ruhiger und geborgener atmen lässt
und beuge dich in Gedanken zu dem gütigen Kind
dass deine Gefühle und Kräfte wieder friedlicher sind.

Engel außerhalb der Weihnachtszeit

Wisst ihr was Engel außerhalb der Weihnachtszeit machen?
Oder sie auch mal ein Saufen und Fressen veranstalten oder gar Schlammschlachten?
Ob sie berauscht feiern können und um Grillfeuer tanzen?
Und sich zuletzt mit ihresgleichen in Schlafzimmern verschanzen?
Fern und ungerührt von jedem neuen Schmerzensweltrekord auf Erden?
Ab und zu mal zählend, wie viele unterdrückt, ausgenutzt, misshandelt, umgebracht werden?
Wer von dort oben heute wieder mehr Betrug und Täuschung sah?
Wie groß die Zahl resignierender und nieder gedrückter Menschen war?
Feiernd, wie schön sie es doch haben weit über der Erde
und welch Strafe es sei, wenn man vom Engel zum Menschen werde?
Und dass man besser nur zu Weihnachten zu den Menschen schwebt
ein kurzer Abstecher, bevor man erleichtert wieder im Himmel lebt?
Bis es im nächsten Jahr wieder heißt: Schafft einen weihnachtlichen Schein
doch danach dürft ihr ja wieder hier oben unter euch sein?
Also habt ihr euch mal überlegt was Engel unter dem Jahr so machen
und wie wenig sichtbar sie sich kümmern um der Menschen Sachen
während sie durch ihr Himmelreich schweben
und träumend auf Wolken liegen?

Nur ein Tag?

Welche Fragen stellen wir uns zur Weihnachtszeit?
Sind wir für eine neue Welt durch Liebe und Achtung immer bereit?
Denn die beginnt erneut mit jedem Moment
in dem man einander ein Lächeln schenkt

und ein Mensch einen anderen herzlich an sich drückt
und sich für einen anderen bückt
und das nicht nur zur Weihnachtszeit
- bist du dafür nun also täglich bereit?
Oder geht Weihnachten wieder vorbei
als ob es nur ein Tag mit Festtagsbraten sei?

Sylvester-Wunsch

Wenn man bedenkt wie unnachgiebig die Zeit waltet
so stellt sich die Frage: Hat man seine Tage gut gestaltet?
Also z.B. einen Mitmenschen aufmunternd angelächelt?
Oder Kaffee und Brötchen geteilt - und nicht nur den Duft zugefächelt?
Und ist man voll Initiative aus dem Bett gesprungen?
Hat man Frühstück gemacht und dabei fröhlich gesungen?
Gute Laune ausgestrahlt als sei alles perfekt und neu?
Eine nette Illusion verschenkt: Der neue Tag sei von Sorgen frei?
Hatte man auch noch genug Kraft einander zu helfen und zu verstehen
und mit einem anderen ein Stück des - auch mühsamen - Weges zu gehen?
Fandest du den herrlichen Moment einander küssend zu umschwärmen
um eine und deine Seele tief und zart zu wärmen?
Wenn man also bedenkt wie rasch die Zeit verrinnt:
Wie werden wir uns morgen begegnen, wenn ein neuer Tag beginnt?
Und das nicht nur an Feiertagen und zur Weihnachtszeit
- sind wir dazu jeden Tag des neuen Jahres (wieder?) bereit?
(Übrigens: Ich habe es im letzten Jahr immer wieder versucht
und wenn es gelang: einen glücklichen Tag verbucht
was man nicht als Geschenk, doch als Wunsch unter den Weihnachtsbaum legen kann
also Jungs und Mädels: Im neuen Jahr mit frischer Kraft wieder ran!)

Die Engel neben uns

Die Engel
diese süßen frechen Bengel
die uns als Gatten küssen und auf uns aufpassen
sind bisweilen launisch – das muss man ihnen schon lassen
doch wenn sie uns verwöhnen und lieben
ist alle betrübte Laune beiseite zu schieben
und man kann sie durchaus mit wahren Engeln vergleichen
die auf uns aufpassen, uns an sich drücken und die Hände reichen
womit man Grund hat das Weihnachtsfest besonders zu begehen:

Man muss nur mal dem Engel neben sich tief in die Augen sehen
- auch wenn da bisweilen im Augenwinkel ein kleines Teufelchen sitzt
bei dem reichlich Lust, Übermut oder Galligkeit aufblitzt.

Ein Weihnachtswunsch

Wenn man bedenkt wie unnachgiebig die Zeit waltet
so ist die Frage angemessen: Hat man seine Tage gut gestaltet?
Also z.B. seinen Gatten schon beim Erwachen aufmunternd angelächelt?
Etwas vom Kaffee- und Brötchenduft ihr oder ihm zu gefächelt?
Und ist man aufmunternd aus dem Bett gesprungen?
Hat man Frühstück gemacht und dabei fröhlich gesungen?
Gute Laune ausgestrahlt als sei alles perfekt und neu?
Die eigene Lebensnische von größeren Sorgen frei?
Begann man als werde man tagsüber geküsst und umarmt
dass es die Seele leicht und zart erwärmt
damit man gut gelaunt sein Tagewerk übersteht
bis man sich abends voller freudiger Erwartung wieder sieht?
Um dann noch mit Geduld, Kraft und guter Laune einander anzunehmen
und selig erschöpft im Bett zu liegen oder dorthin zu gehen?
Wenn man also bedenkt wie rasch die Zeit verrinnt:
Wie wird es sein, wenn morgen ein neuer Tag beginnt?
Und das nicht nur zur Weihnachtszeit
- sind wir dazu an den meisten Tagen des Jahres bereit?
Ich will es euch sagen: Ich habe es – nach dem Vorbild meiner Frau - versucht
und dabei viele Tage als gelungen und gut verbucht
was man sich nicht nur als Wunsch unter den Weihnachtsbaum legen kann
also Jungs und Mädels: Dann strengt euch mal an!

Weihnachtsfest

Weihnachten – das Fest der Freundlichkeit?
Des Neubeginns und der Erneuerung in dunkler Jahreszeit?
Eine Mahnung damit das Herz nicht verzage?
Oder gar ein Neuanfang, das einer den anderen sanft trage?

Anlass

Zu Weihnachten sind der Anlass und die Zeit
nachzudenken: Zu welcher Freundlichkeit sind wir noch bereit?
Doch der Inhalt eines solchen Festes wird oft verdrängt

weil es erst zum Nachdenken und dann zu einem neuen Handeln zwingt.

Kaum eine Frage

Weihnachten – was wirst du mir schenken?
Mich zum Beispiel mit Küssen bedenken?
Oder wirst du dir ein Schleifchen umbinden
und ich darf dann den Inhalt des Verpackten finden?
Ich könnte mir also ein nettes Christkind fangen
mit viel Genuss und süßem Verlangen?
Dann würde ich mit einem Kuss auf deine Stirn beginnen
um von dort aus weitere zarte Möglichkeiten zu ersinnen
und dann sollten meine Lippen die deinen fänden
damit sie weiter über deinen Hals bis zu deinen Schultern gingen
um dich mehr und mehr zu erkunden und zu umkreisen
zuerst fast berührungslos über, um und in dich zu reisen
und du würdest dich mir ganz öffnen und kraultest meine Haare
gebadet in Wogen einer durch uns ziehenden Wärme
zwei Ströme, dies sich verbinden und ineinander gießen
durchdringen, vermischen und sanft getragen weiter fließen
- dass also würde ich dir als Wunsch gerne sagen:
Du musst mich nicht mal fragen.

Weihnachten - Ankunft

Das musste doch nicht sein: Am Weihnachtsvormittag dichter Regen
und von dem vorhergesagten Schnee wollte sich kein Weiß über die Landschaft legen
also war er mit einem Regenschirm geduckt abermals losgelaufen
um für die Weihnachtstage noch fehlende Lebkuchen und Stollen einzukaufen
als er vor seinem gewohnten Geschäft auf zwei Kinder traf
von denen jedes lange Blicke durch die Scheibe in den Laden warf
und die Kleidung der beiden wirkte schon klamm und nass
auch waren ihre Gesichter recht still, angespannt und blass
und von den beiden Kindern etwas irritiert trat er in den Laden ein
was mochte wohl der Grund für das Warten der Kinder sein?
Doch im Geschäft hatte er sie dann fast vergessen
so kaufte er voll Vorfreude eine Tüte mit süßem Essen
und dann noch ein Set Spielzeugfiguren mit Tieren und Reitern
die könnten den Spielzeug-Bestand seiner Kinder noch erweitern
nun ja, die hatten zwar eigentlich zu Weihnachten schon genug Sachen
doch vielleicht war mit diesen Dingen ihnen noch eine weitere Freude zu machen

also trat er mit seinen Tüten aus dem Geschäft wieder hinaus in den Regen
und blieb erneut verwundert vor den zwei Kindern stehen
und fragte sie nun besorgt: "Ist euch nicht kalt - auf was wartet ihr denn?"
"Auf unsere Mutter - sie arbeitet noch eine halbe Stunde da drin."
"Aber warum hier draußen - ihr friert doch, geht doch rein ins Warme."
"Nein, das sollen wir nicht - das hat der Geschäftsinhaber nicht gerne."
Erstaunt und um für sich selbst etwas Zeit zu gewinnen um nachzudenken
sagte der Mann: "Na, dann werdet ihr euch ja nachher sicher reichlich beschenken."
Worauf das größere Kind sprach: "Mutter sagt, es wird nicht viel sein
sie verdient zu wenig - unsere Geschenke sind wie voriges Jahr klein."
Darauf der Mann: "Kinder, ich möchte euch eine heiße Schokolade kaufen.
Ich werde eure Mutter um Zustimmung bitten - dann können wir ins Kaffee hier im Laden laufen"
worauf die Mutter nach kurzem Gespräch den Kindern zustimmend zunickte
und der Mann sich mit den Kindern ins Kaffee in Sichtweite setzte und sie mit einer Schokolade erquickte
und als die Mutter nach einer halben Stunde mit dem Ende der Geschäftszeit kam
saßen die Kinder noch bei einer zweiten Schokolade und einem Eis fröhlich und warm
"Mama, der Mann ist schon vor fünf Minuten gegangen, wir sollen dich grüßen
du sollst die zwei großen Tüten nehmen, sie stehen hier an unseren Füßen
und er sagte noch, er und die Seinen bräuchten das wirklich nicht mehr
wir sollten es für Weihnachten nehmen - das freue ihn sehr."
Und so gingen an diesem Tag alle vier freudig und zufrieden nach Hause
und es war für jeden wie eine glückliche Ankunft nach einer langen Reise.

Kommst du mit?

Beantworte dir doch mal kurz diese Frage zur Weihnachtszeit:
Hattest du heute genug Kraft und Geduld für Achtung, Liebe und Gemeinsamkeit?
Erinnern dich Josef, Maria und das Kind noch daran
was eine Liebe und Zuwendung bewirken kann?
Siehst du die Augen, die dich fragend anblicken
weil sie um deine Sanftheit und Unterstützung bitten?
Oder hat die Jagd nach Geltung und Geld deinen Blick verengt
und deine Aufmerksamkeit und Seele eingezwängt?
Würdest du es genießen einen Menschen in den Arm zu nehmen
um ihm Zärtlichkeit und Würde mitzugeben?
Oder hast du alles besser gewusst
als ob du dich über andere erheben musst?
Oder gegrollt oder stolzierend belehrt
und dich wenig um die Schläge deiner Ratschläge geschert?

Doch mit jedem Moment beginnt eine neue Zeit
für ein Lächeln, eine Freude und Herzlichkeit
sobald ein Mensch einen anderen an sich drückt
oder sich für einen anderen müht und bückt
als strahlte das ganze Jahr über das Licht der Weihnachtszeit
- kommst du mit, dass uns die Idee der Weihnacht und Liebe befreit?

Beruhigungstrunk

Wappnet eure Herzen gegen Verdruss
und rüstet sie gegen Streit und Stress
beplankt die Seelen gegen Frust
und panzert sie gegen Unlust
- denn Weihnachten ist da und „Sie" kommt
tritt ein, erhebt kräftig ihre Stimme und verlangt
dass man „Ihre" Geschenke besonders beachte
und das Geschenkpapier ausgiebig betrachte
wo doch alle sowieso viel zu viel wollten
und sich besonders die Kinder bescheiden sollten
wobei jedes „Ihrer" Geschenke hervorragend passe
sich einfach - wie Sie - durch nichts ersetzen lasse
- wobei nun letzteres unwidersprochen stimmt
auch wenn darin ein unweihnachtliche Dissonanz mitschwingt -
und warum das Essen und der Wein wieder so fade schmeckten
und die Kinder sich vor ihr scheinbar ein wenig versteckten
und - es sei nochmals gesagt - zu viele Geschenke unter dem Weihnachtsbaum liegen
und hier und da noch Keksreste und Bücher und Zeitungen herumfliegen
weil doch zu Weihnachten alles festlich zu strahlen hat
und die Menschen seien heute alle nur noch unzufrieden und übermäßig satt
- und ich sitze da und sehe die Geschenke als Sinnbilder für ein fröhliches Geben
mit der Freude anderen eine Freude zu bereiten und zusammen zu leben
und dass sich in der Ruhe der Festtage Zeit finden möge einander zu lieben
sich vorzulesen, zu reden, zusammen zu musizieren oder miteinander zu spielen
und dabei die Geschenke etwas beiseite zu räumen und sich miteinander gepflegt zu befassen
um auch all den Kleinmut, die Hektik und Probleme einfach mal hinter sich zu lassen
und dafür werde ich „Ihr" dieses Jahr zwei Weingläser Wodka einschenken
um ihre Aufmerksamkeit ganz intensiv auf ihr eigenes Innenleben zu lenken
um dann das Fest in aller Ruhe zu genießen
- ich gehe schon mal in die Küche um einzugießen.

Geschenk

Es ist Weihnachtszeit

und wer noch kein Geschenk hat, für den habe ich einen kleinen Tipp bereit

der durchaus angenehme Spannung und Freuden bereiten kann

obwohl man sich manchmal fragt: Warum nur so selten und wann und dann?

Nun zum Tipp: Dieses Weihnachten hatte er ihr nur einen Bademantel geschenkt

und ihn ihr unter dem Weihnachtsbaum festlich umhängt

worauf sie antwortete: Ich habe dir auch nicht viel zu schenken

nur den Schlafanzug - aber das Wenige soll dich nicht kränken

denn Du darfst mich dafür umso mehr beglücken:

Soll ich dich in neun Monaten mit einem ganz anderen Geschenk entzücken?

Und machen wir einen Zeitsprung und sehen etwa eine Stunde später nach

schau an, da waren die beiden immer noch munter und wach

Schlafanzug und Bademantel lagen als Haufen auf dem Boden

und zu sehen war nichts - sie hatten sich die Decke über die Köpfe gezogen

doch den Lauten unter der Decke nach zu schließen

waren sie dabei Weihnachten ausgelassen zu genießen

und sich ein bleibendes Geschenk zu bereiten

- es wird sie wohl bis zu ihrem Ende begleiten

(wobei ihnen bisweilen auch mal hören und sehen vergeht

was so manche/r aber erst 9 Monate später und dann jahrelang versteht).

Guter Stern

Wer neben einer so eigensinnigen Frau bestehen kann

ist ein tapferer, starker, geduldiger und entschlossener Mann

zudem selbstbewusst, gefestigt, ruhig und stabil

auch nach ihren - nennen wir es: - "klaren" - Anweisungen weder geknickt noch labil

eben einer, der weiß wie man durch Höhen und Tiefen würdevoll geht

wo doch ihr Widerspruchsgeist niemals auch nur einen Moment stille steht

und einer der gelernt hat sich in Wirbelstürmen aufrecht zu halten

selbst wenn die Urkräfte eines z.B. weiblichen Sturmes walten

- wie, das alles betrifft oder beunruhigt dich nicht?

Dann lebst du ständig unter eines Weihnachtsternes strahlendem Licht.

Weihnachtshoffnung

Wenn Weihnachten naht und das Jahr wieder viel Trauriges geschah

die Welt abermals Schmerz und Unzulänglichkeit reichlich gebar und sah

sich nicht genug Zuneigung fand oder zu wenig Mitgefühl und Schönheit regierte

dass man erschüttert innehielt, weil man manch Übles sah, hörte und spürte

und die Gleichgültigkeit viel zu viele lastend niederdrückte
zu wenig Hoffen und herzliches Schenken uns glückte
und du vielleicht alleine, belastet, ungeachtet, bekümmert oder vergessen warst
und statt dich zu öffnen und zu schenken an deiner eigenen trüben Laune fraßt
- dann sehe dich um, denn es gibt viele und vieles zu lieben
anzunehmen, aufzuheben, erneut zu beginnen und zu geben
damit Freundlichkeit und Herzlichkeit fruchtbar werden
und Weihnachten ein Grund ist für eine neue Hoffnung auf Erden.

Geschenk in letzter Minute

Es war Weihnachten und welches Geschenk sollte er ihr überreichen?
Er hatte nur Kleinigkeiten - würde sich da nicht etwas Enttäuschung einschleichen?
So setzte er sich am Weihnachtsmittag hin und begann nachzudenken
bis er es gefunden hatte: Er würde sich selbst ihr schenken
und zum Beginn würde er die Arme um ihren Rücken legen
und sie ganz fest an sich drücken und an sich nehmen
um dann zu sagen: „Diese Jahr soll ich dein größtes Geschenk sein
alles an mir ist nur für dich ganz allein"
und wie würde er ihr Gesicht genießen
sehen, wie schelmische Freude und Lächeln zusammenfließen
denn wie schön hatte er sich das ausgedacht
wie sie ihn ansieht und erst fragend schaut und dann - hoffentlich - lacht
doch als er unter dem Tannenbaum vor sie trat
und der Moment es auszusprechen gekommen ward
stand er da so stumm und klein wie der Fisch
der schon dampfend ruhte in der Terrine auf dem Tisch
doch in dem Moment zog sie ihn an sich heran in der angespannten Stille
und flüsterte: „Ich bin dies Jahr das Hauptgeschenk - mit und ohne Hülle"
- worauf noch zu erwähnen bleibt: Das Weihnachtsessen ward so köstlich wie der ganze Rest
und sie bereiteten einander das seit Jahren schönste Fest.

Paradies - Vertreibung und Wiedereintritt

Der Weihnachtsmittag war angebrochen
meine Frau ward in der Küche emsig am kochen
Töpfe und Pfannen klapperten und es waren anregende Geräusche
ein Wohlklang für gepflegte und festlich angeregte Bäuche
doch als ich einige Zeit in der Küche um sie herumstand
und auch bei ihr manch Delikates zum knabbern und naschen fand
sagte die Frau mit einem Kuss und wie immer sehr bestimmt

in einem entschlossenen Ton der keine Widerrede kennt:
Nun setze dich schon irgendwo hin, von mir aus zum Dichten
dann kannst du zumindest im Moment kein Unheil anrichten
und vielleicht fällt dir noch ein besinnlicher Reim ein
nein, denke jetzt nicht an meinen Mund und mein Bein
oder übe vielleicht noch etwas die Weihnachtslieder
sonst verhaust du sie nachher wieder
aber lasse mich jetzt in Ruhe das Essen vorbereiten
sonst wird mir gleich ein Topflappen entgleiten
und der, mein Lieber, fliegt dann hinter dir her bis zum Garten
also gehe schon - auf das Essen und mich musst du noch etwas warten
und wenn dir gar nichts einfällt dann stelle bitte noch einen Wein kalt
und jetzt schaue nicht so betreten, das Essen und ich kommen bald
aber stehe mir nicht weiter im Weg und sei ein lieber Bengel
und repariere an der Krippe noch den abgestürzten Engel
- damit stand ich am Weihnachtsmittag verstoßen vor der Küche
vertrieben aus dem pulsierenden Reich der Sinne und Gerüche
gestrandet wie Noah mit seiner Arche auf einem kahlen Berge
oder wie das heilige Paar nach der Abweisung vor der warmen Herberge
gar ein wenig wie Adam nach der Vertreibung aus dem Paradies
nur dass diesmal Eva ihn vor die Tür schubste und nicht mehr ein ließ
worauf ich im Wohnzimmer die Flöte nahm, das Weihnachtslieder erklingen
bis aus dem Kinderzimmer eine Stimme rief: Das hört sich an als ob Katzen singen
na gut, die Kinder sind verwöhnt - so wandte ich mich dem Hackbrett zu
und vertrieb mir mit nach meinem Empfinden wohligen Lauten die lastende Ruh'
worauf das Telefon schellte und der Nachbar sagte, ich möge nicht verzagen
es würde mir sicherlich noch gelingen, alle Mäuse zu verjagen
oder wenn es mir so schlecht ginge wie es klinge könne ich den Jammer auch im Glühwein ersaufen
oder anstatt schräger Musik mal eine Stunde mit ihm um den Häuserblock laufen
dass wir uns über das Leben im Allgemeinen und Frauen und Kinder im Besonderen unterhalten
vielleicht würde mir dies einen Trost geben um Weihnachten fröhlicher zu gestalten
denn alles in allem wünsche er mir gerade heute viel Glück
aber ganz besonders hoffe er auf kein weiteres musikalisches Stück
worauf ich wie ein Gestrandeter still auf der Eckbank zusammensank
die Weinflasche vorzeitig öffnete und einen richtig großen Schluck trank
und dabei wohl eindämmerte und erst erwachte
als die Gattin und die Kinder mich ansahen und jeder freudig lachte
und sich die Kinderschar schon mal für den unübersehbaren Geschenkstapel bedankte
mich umarmte, dass ich bei so viel freudigem Trubel und Lärm irgendwie schwankte

worauf mich die Gattin ganz gerührt über mein Mitgefühl in die Arme nahm
und frohe Weihnachten wünschte - und nun war der Abend gemütlich, lieblich und warm
wie man es so überwältigt nicht nur, aber vielleicht öfter an Weihnachten erlebt
wenn man das Glück hat, dass Liebe, Einfühlsamkeit oder Geduld einen umgibt.

Weihnachtliche Gedanken

Wenn du lächelst und vergibst
dich sanft öffnest, schenkst und liebst
mag manche drückende Ratlosigkeit fliehen
und mancher Kummer sich verziehen
um des Lebens Niederlagen zu vergessen
und die Freuden leicht und lächelnd zu genießen
denn wir sehen in ein paradiesisches Himmelreich
in dem wir kurz verweilen können, liebend und weich
- woran uns vielleicht diesmal Weihnachten erinnern kann
bei besinnlichen Kerzen, Geschenken und Liederklang
- es sei denn, Oma oder sonst einer nörgelt mal wieder, dass Essen sei schlecht
und Kinder und andere seien heute mal wieder nur halbwegs gut gelaunt und recht
und im Übrigen habe man sich sowieso das Jahr über zu viel hängen lassen
und Weihnachten sei auch nicht mehr wie früher, nur noch Possen und Prassen
- worauf man sich am besten mit der Liebsten unauffällig zurückzieht
und dem Treiben unterm Weihnachtsbaum entrückt zusieht.

Versuchen wir es

Mutter, tue doch was: Die Kinder maulen
Vater, tue was, dein Arbeitgeber ist am jaulen
Mann, ändere sie: Sie ist zu oft am murren oder keifen
Weib, ändere ihn: Er will statt zu arbeiten schon wieder sinnlich nach dir greifen
und ihr beide zusammen, ändert alles: Die Verwandten nörgeln
das Finanzamt und die Nachbarn ärgern
die Vorgesetzten hetzen und treiben
die Gehetzten grummeln oder schweigen
und es ist doch bald Weihnacht überall
tut was - der Friede kommt nicht von selbst mit einem Knall
dass die Kinder froh sind und helfen
und die Gatten sich zärtlich umgreifen
die Nachbarn sich plötzlich vertragen
Vorgesetzte Mitgefühl und Freundlichkeit wagen
- denn dafür müsst ihr schon eure freundlichsten Gaben zeigen

euch aufmuntern, küssen und freundlich zueinander neigen
dass all die Erschöpfung, Verletzung und Bedrängnis flieht oder ruht
denn erst dann tut das Weihnachtsfest als Feier der Liebe richtig gut
auch wenn das oft nur so lange anhält wie man Marotten und Launen übersieht
und so seinen Mitmenschen und sich selbst nachsichtig versteht
- und vielleicht hält solches sogar mal ein Jahr lang an:
Sollten wir nicht mal sehen ob dies Wunder geschehen kann?

Es liegt auch an dir

Wie? Du fühlst dich jeden Tag gehetzt und getrieben?
So halte doch mal inne, um zu den Sternen aufsehend dich uns andere zu lieben
- doch du siehst viel zu viel raffen, täuschen, lügen und sich abwenden?
Erinnere dich, wie gut es sein kann, nimmt man einander zart bei den Händen.
Und es gibt zu viele Enttäuschungen und zu rasch schreitet die Zeit?
Es bleiben immer noch Momente der Liebe und sanften Geborgenheit.
Aber es gibt zu viel Gleichgültigkeit, Herabblicken, Ausnutzen und Erkalten?
Und doch braucht es bisweilen nicht viel Kraft einander in den Armen zu halten.
Zudem sei das Weihnachtsfest nur noch ein Geschenke-Rausch statt Besinnlichkeit?
Der Weg manches zu ändern ist vielleicht nicht immer steinig und weit.

Glaube an Weihnachten

Du glaubst nicht mehr recht an Weihnachten siehst du dich um?
Es gäbe zu Vieles, da verzweifelt man stumm?
Du hörst und siehst allerorts vorlautes Quaken und gleichgültiges Abwarten
ein Übermaß für Reiche und für zu viele andere nur Schweineschwarten?
Also sind da zu viel Missachtete, Verletzte, Niedergedrückte und Schwache
Ausgeschlossene, Übersehene, Verachtete und daneben stolzierende "Starke"?
Zu viele von Enttäuschungen und Gleichgültigkeit Gelähmte?
Unter Erschöpfung und Bitterkeit Gebeugte?
Und da soll sich eine weihnachtliche Freundlichkeit einstellen
eine verheißungsvolle Aussicht, um die Gemüter zu erhellen?
Geschaffen aus der Kunst der Liebe und Friedfertigkeit
belebt und gepflegt von Mitgefühl und Zärtlichkeit?
Und darum nimmst du dir mit weiser Naivität gegen alle Zweifel vor:
Weihnachten sei ein neuer Impuls, eine Türe, ein Tor
dass du weit öffnest mit deiner Zuneigung, Kraft und deinem Mut
- denn dann glaubst an Weihnachten als ein Geschenk – und manches wird vielleicht
freundlicher und gut.

Durch Liebe frei

Auch Jesus hatte kein Leben nach Wunsch
am Kreuz zu enden war keine Fete mit Lebkuchen und Punsch
und Maria musste ihre Schwangerschaft sicherlich sehr genau Josef erklären
er möge sich nicht über die erstaunliche Zeugung des Kindes beschweren
und Flucht und Machtkämpfe trieben die heilige Familie durch das Land
ein Glück, wenn man als Herberge einen Stall mit Vieh darin fand
und die Apostel mussten vor den Häschern Verstecke wählen
nur wenige konnten sich treffen, reisen, preisen und anderen erzählen
und viele im Volke standen voll Mitgefühl und doch Angst gelähmt dabei
wussten, dass die Gewalt und Willkür der Herrschenden erniedrigend und demütigend sei
weil, wie so oft in der Geschichte, Religion und weltliche Interessen kollidierten
wo Mächtige und ihre Diener sich bedroht fühlten und auf ihre Vorteile stierten
doch langfristig sind es die Liebenden und die Kinder, welche die Botschaft der Liebe
weitertragen
und die gegen die Zweifel und Widerstände des Alltags Freundlichkeit und Mitgefühl wagen
bereit der Mitmenschlichkeit in Form eines Weihnachtsfestes ein feines Gesicht zu geben
damit wir einander umarmen, beschenken, bestärken und annehmen
angetrieben und überzeugt wie gut ein Leben sei
zwar nicht nach Wunsch - aber durch die Liebe frei.

Liebe

Halte kurz inne, Weihnachten kommt: Was möchtest du alles Nettes sagen?
Was hast du dir vorgenommen, was möchtest du beginnen, was wagen?
Willst du mehr umarmen, lächeln, deine Kraft und deinen Mut teilen?
Vielleicht weniger hastig durch die Tage und an anderen Menschen vorüber eilen?
Und noch öfters innehalten und anderen fürsorglich in die Augen sehen
um nicht an der Not anderer erschöpft vorüber zu gehen?
Denn ich weiß, dass jeder dieser Vorsätze reich und tief in dir lebt
und uns Allen etwas vom feinen Zauber des Weihnachtsfestes gibt
- und so möge sich das Weihnachtsfest wunderbar entfalten
und dich mit seiner freundlichen Botschaft im Banne halten
die von der Schönheit der Liebe in allen Formen kündet
- damit sie durch uns immer wieder neu einen Weg in diese Welt findet.

Weihnachtsfest

Da war sie wieder, die weihnachtliche Stunde
man saß zusammen in einer von Kerzen erleuchteter Runde
die Geschenke unterm Baum ordentlich aufgereiht

heute vereint und morgen wieder entzweit
zumindest für kurze Zeit andächtig und still
wie es das Weihnachtsfest eben traditionell so will
mit dem akzeptierten Zwang, sich heute zu vertragen
seinen Zorn runter zu schlucken und Streit zu vertagen
wobei keiner so genau in die Gedanken der anderen schaute
und man stumm an seinen eigenen Enttäuschungen kaute
doch ein Küsschen hier, ein Wein und Glückwunsch dort
also war es ein für den Frieden vorübergehend geschaffener Ort
auch wenn man sich sonst ganz gerne aus dem Wege ging
weil irgendeine Enttäuschung immer zwischen ihnen hing
warum auch nicht? Auch die Heilige Familie musste durch das Land eilen
wurde weitergeschickt, missachtet, und durfte nur in einem Stall verweilen
Maria mit dem Kinde, doch nicht von ihrem Mann, weil Gott ihr beiwohnte
während Josef sie geduldig begleitete und so ihre Gefühle schonte
und die Hirten kamen auch nur kurz vorbei vom Kindesgeschrei angezogen
funkelnde Sterne als Kulisse einer Geburt – mit dem Morgen war das verflogen
und der Besuch der drei Könige – vielleicht versprachen sie sich mehr Macht
wenn sie frühzeitig ein Gottessohn anlacht
denn danach war ein jeder wieder sich selbst überlassen auf weiter Flur
- so saß die Familie beim Weihnachtsbaum zusammen – ein paar Stunden nur
wie gewohnt mit dem Vorsatz sich für diese Stunden zu vertragen
und einander etwas Aufbauendes oder Angenehmes zu sagen
– weil das weise und der beste Sinn des Festes ist: Dass man sich bemüht
auf das man im Anderen immer wieder einen Liebe-Suchenden sieht.

Umarme

Wenn diese und jene Mal wieder über das Essen, Trinken und die Welt mäkeln
die Kinder sich schon morgens ungeduldig – gleichwohl beneidenswert faul - auf dem Sofa rekeln
Mutter herum jagt und schon mal gestresst laut meckert
Vater vor Schreck über seine sonst so zarte Frau den Kaffee verkleckert
der Braten im Rohr halb vergessen austrocknet und verbrennt
und ständig jemand hektisch dazwischenredet und herumrennt
der Weihnachtsbaum noch auf der Terrasse statt im Zimmer steht
Weihnachten wieder „völlig überraschend" kommt und die Zeit zu schnell vergeht
der Versandhandel die falschen Pakete zudem noch verspätet bringt
im Kaufhaus aus jedem Lautsprecher seit Wochen monoton das Gleiche erklingt
das Geld wie von himmlischer Hand schrumpft und entschwindet
während man sich auf der Suche nach einem passenden Geschenk schindet

- dann umarmt die Euren, macht nicht alles perfekt und lasst den Frieden ein
der Ruhe, des Liebens und des Provisoriums – dann kann es ein herrliches Weihnachtsfest
sein.

Verstecktes Licht

Vieles wurde schon in der Politik gesagt
doch dieser Vorschlag wurde noch nie gewagt:
Jeden Tag sollte es 10 Minuten lang Weihnachten als geschützte Feierzeit geben
als fester Freiraum: Wie verschenke ich heute Frieden und Lieben?
Denn nötig hat es die Welt, in der Reiche die Armen mögen
doch nur wenn die Armen den Reichen weiter Geld geben
und manche Frauen und Männer sich nur lieben
für ein völlig „überraschendes" Kind zur eigenen Unterhaltung oder ein Minutenvergnügen
und Politiker ihren Bürgern wenig von ihren wahren Zielen erzählen
bis die Wähler in gutem Glauben geistig verengte Lobbyisten wählen
und Börsianer die Kleinsparer lächelnd umwerben
um deren Kapital zum Eigennutz oder aus versteckten Interessen zu verderben
während sich viele ein Leben lang umsonst nach einer Gemeinschaft und Liebe sehnen
und doch in einem achtlosen und verächtlichen Getriebe und Geschiebe untergehen
- wäre es da nicht Recht es gäbe jeden Tag 10 Minuten Weihnachtszeit
zum Neubeginn und einer echten Besinnlichkeit?
Und ich habe da eine Hoffnung: - wir brauchen dafür so vieles nicht
denn in vielen brennt doch ein weises, gütiges, oft aber verstecktes Licht.

Weihnachten - nicht für alle ein Fest

Wüssten Gänschen und Schweinchen von Weihnachten – sie wären voll Beklemmung:
Denn für viele ist zu Weihnachten eine Bratpfanne oder ein Ofenrohr ihre Bestimmung
und Jesus hat genug mit den Menschen und deren Hunger, Freuden und Streit zu tun
die Fragen und Ängste der Tiere? Die stehen dahinter zurück und müssen stille ruh'n
zumal so köstlich wie Gänse, Enten, Hühner und Schweinchen nun mal schmecken
kommen sie recht schnell in den Himmel um uns hernieder den Tisch zu decken
und so bleibt manchem Vieh auf Erden nur die kurze Erfahrung: Es ist ein flüchtiger Ort
besonders ein Weihnachtsfest trägt manchen frisch gebraten und zerlegt weit fort
doch spätestens ab Neujahr wird die Perspektive für das zarte Vieh wieder etwas netter
denn viele Menschen stellen nach Weihnachten fest: Sie wurden fetter
und erfreuen sich dann missvergnügt eine Zeitlang an mancher Salatsorte
und so rückt für so manches Vieh wieder mehr in die Ferne die ungewollte Himmelspforte.

Es könnte besser sein

Ihr meint: Es könnte besser sein auf dieser Welt
da sei so manches gründlich falsch bestellt?
Da könnte mancher jeden Tag an seinem Ort etwas mehr anpacken
helfen und gestalten – die Erde hätte dann weniger Schlaglöcher und Macken?
Denn die Weihnachtsbotschaft sei für jeden Tag im Jahr ganz schlicht:
Jeder Mensch ist einmalig, liebenswert, verletzlich – und trägt in sich ein warmes Licht
und die Geburt Christi könnte uns helfen daran zu denken
wie wir unsere Wege gütiger und warmherziger zu einander lenken?
Gewiss, ihr habt recht, so könnte und sollte es sein
doch kennt ihr das: Bisweilen ist man erschöpft und mit solcher Hoffnung allein?

Nimm dir die Ruhe zu bedenken

Halte kurz inne: Was möchtest du alles Nettes zu Weihnachten sagen?
Was hast du dir vorgenommen, was möchtest du beginnen und was wagen?
Willst du mehr umarmen, lächeln, deine Kraft und deinen Mut mit anderen teilen?
Vielleicht weniger hastig durch die Tage und an anderen Menschen vorüber eilen?
Oder noch öfter mal innehalten und anderen fürsorglich in die Augen sehen
um an der Not Anderer nicht erschöpft vorüber zu gehen?
Denn ich weiß, dass jeder dieser Vorsätze reich und tief in uns lebt
und uns allen etwas vom feinen Zauber des Weihnachtsfestes gibt
- so möge sich das Weihnachtsfest dieses Jahr für dich wunderbar entfalten
und mit seiner freundlichen Botschaft im Banne halten
die von der Schönheit der Liebe in vielen Formen kündet
- auch damit sie durch uns Wege in die Welt findet.

Weihnachten eines geplagten Familienvaters

Meine ungeduldigen Gläubiger - Ihr wollt heute euer Geld?
Wenn das mal nicht wie ein Kartenhaus in sich zusammenfällt
denn ist euer Wusch auch recht - er ist ja nicht vermessen
so ist meine Börse doch derzeit so schmal wie der Kühlschrank leer gefressen
denn die Kinder möchten PCs, Ski, Handys, Autos, Wohnungen und andere Geschenke
mein Konto wird täglich bedrängt und gequetscht, wenn ich es genau bedenke
deshalb könnte es vielleicht erst zu Weihnachten oder zum Jahreswechsel geschehen
dass in einem glücklichen Moment ein paar übrige Scheine auf euch übergehen
darum seid herzlichen bedankt und pflegt der Ruhe: Sympathie und Liebe dulden keine Eile
wartet darum voll innerem Frieden auf die schnöde Penunze noch eine Weile
und die Engel können euch ja vorher zu Weihnachten andere freudige Botschaften bringen
- wie könnten Worte über Geld so süß wie Glocken klingen?!

Engel

Wieder mal zu früh oder spät missmutig aufgestanden?
Zu lange gefeiert und heute erst ins Bett gegangen?
Hier geschimpft, da belehrt und dort kritisiert
zu viel manipuliert, geschauspielert und sich nicht mal geniert?
Zu laut geschimpft und zu wenig verstanden oder zugehört?
Ward wieder mal die Welt herzlos, egoistisch und verkehrt?
Oder hast du „nur" viel gegessen, getrunken und geredet - mehr als Recht?
Und nun sitzt du da, ermattet und füllst dich schlecht?
Hast von Herzen reichlich genommen - und auch gegeben
doch die Unzulänglichkeiten und Lasten wollen nicht entschweben?
Denn jetzt am Morgen packt dich der Alltag wieder – und der fasst kräftig zu
du musst laufen, buckeln, Haltung bewahren und schaffen ohne Ruh?
Wie schön wäre es da gerade jetzt einen Engel zur Seite zu haben!
Einen mit Geduld, Zuspruch, Freundlichkeit und anderen guten Gaben
so einen, um dich mit seinem Lächeln aus all der Enge zu heben
um über manche Mühsal, Bitterkeit und Erschöpfung hinweg zu schweben?
Aber schaue nur: Du hast doch irgendwo in dir und um dich gute Engel
du selbst bist einer (na: teils) - sehen manche in dir auch einen Bengel
doch sie haben für dich Liebe, Zuneigung und ein Lächeln – wie du auch
für einen guten, sanften und friedlichen Tageslauf
dass es dich aus der Bedrückung und Kummer etwas befreit
- also komm schon: Sei doch für den Engel in dir bereit
und verlocke auch die anderen, ihr Engel-Dasein zu zeigen
und sich nicht nur mutlos und verletzt zu neigen
- also nimm jetzt den oder die neben dir milde in den Arm
es ist Weihnachten – eine Zeit für Engel, licht und warm.

Täglich etwas Weihnachten

Haben wir im letzten Jahr Güte genug ge- und erlebt
dass uns die weihnachtliche Botschaft innig bewegt?
Konnten wir zeigen: Du und ich, wir waren nicht allein
mit Liebe und Behutsamkeit führten wir uns täglich ein Stück heim?
Spürten wir immer wieder das Glück mit anderen zu teilen
voll Achtung und Freundlichkeit beieinander zu verweilen?
Sich gegenseitig zu verstehen und zu beschenken
einander mit Hilfen und Aufmerksamkeit zu bedenken?
Und dass es herrlich bestärkt und beschwingt

wenn man die Zuneigung eines anderen gewinnt?
Und ist es uns nicht täglich aufgegeben
diese Botschaft neu zu beleben?
So wünsche ich dir täglich etwas Weihnachtszeit:
Denn dafür sind wir eigentlich immer bereit.

Bauchspeck

Um die Weihnachtszeit
hoffen viele das Glück sei für sie bereit
und es öffne sich ein Fenster oder Tor
und ein gnädiges Ereignis träte daraus hervor
nehme sie an der Hand und alles werde gut
Liebe und Gerechtigkeit schenkten ihnen neuen Mut
- doch ist Weihnachten oft auch eine Zeit voller Warten
des mit sich allein Seins, des Schlafens und der zu üppigen Braten
womit – wenn das alles war - die schöne Chance vergeht
wie Regenwasser abgeflossen und wie Laub verweht
womit dann von der Weihnachtszeit
nur der zusätzliche Bauchspeck übrig bleibt.

Nicht akzeptieren

Wenn man Weihnachten in seinem Herzen sucht
und angesichts des Gewesenen kaum weihnachtliches verbucht
weil auch mit dem Kerzenlicht manchmal zu wenig Frieden ins Herz einzieht
und manche Hoffnung verschreckt und verbittert flieht
siegt vielleicht noch der Trotz: Ich bleibe bei meinem Wunsch nach Gerechtigkeit und Frieden
erwarte und arbeite daran, dass sich Menschen nicht missachten und bekriegen
dass nicht der Starke den Schwachen, der Gemeine den Freundlichen drückt
und eine Zuwendung gelingt und eine Liebe glückt
auf das es geschehe das vieles besser werde
auf dieser unvollkommenen Erde
- solange man ehrlich mit dem Herzen sucht
und das Übel nicht als etwas Unabwendbares verbucht.

Christliche Botschaft

Kapital-Zockerei, Täuschung, Betrug und dafür haftende Steuerzahler, Altersarmut und Niedriglohn

US-Spionage bei Freunden, Steuerflucht, Verachtung Schwächerer und manch andere Fron
- so prasseln die Egoismen und einseitigen Verteilungskämpfe auf uns hernieder
die Themen kommen im Rhythmus von Tagen, Wochen und Monaten wieder
und richtig: Die Lage ist so ernst wie immer
und so Manche machen es mit ihren „klugen" Tricks noch schlimmer
denn irgendwo sind immer zu viele die vertuschen, raffen und nicht teilen
mit ihren gut bezahlten Handlangern von einem Profit-Gipfel zum nächsten eilen
was alles meist ganz gut funktioniert und doch zu der Einsicht führt:
Was da so Mancher vor und hinter den Kulissen aufführt
ist mit keiner Gerechtigkeit oder christlichen Moral zu vereinen
auch wenn diejenigen das laut in den Medien meinen
wenn als Zeichen ihres Mitgefühls sie nicht noch mehr raffen oder eine Weihnachtsspende übrigbleibt
und man damit zeigt, wie gerne man christlich denkt und teilt.

Weihnachtswünsche

Zu jedem Anfang und Jahr gehört auch ein Ende
wie die Geburt Jesu – die Geschichte nahm am Kreuz die bekannte letzte irdische Wende
denn eine Ewigkeit ist für uns – zumindest als Gewissheit - nicht zu erlangen
so mischt sich in manch schönen Augenblick auch ein Bangen
was uns allerdings nur dies eine lehrt:
Jeden guten Moment hoch zu schätzen ist nie verkehrt
und die Liebe als schönstes Ideal täglich neu zu suchen und zu finden
- Weihnachten möge uns die Kraft dazu senden.

Das gemeinsame Weihnachtsgeschenk

Über das Wissen von Ehegatten
die für – sagen wir 20, 30 oder noch mehr Jahre - das Vergnügen hatten
mal im Lichte und mal im Schatten
einander zu umsorgen und zu begatten
über dies Wissen also ist eigentlich meist wenig zu sagen
denn sie kennen sich und ihre Antworten schon vor den Fragen
hatten sie doch reichlich Anlass einander zu entdecken
und wissen wo beim anderen die Stärken und Schwächen stecken
- und doch kann es sein das man mit dieser Erfahrung daneben liegt
denn hört was sich so manchmal begibt:
Da waren zwei solchermaßen seit Jahrzehnten Vermählte
unterwegs auf das man sich zusammen ein neues Sofa wählte
denn das alte Sofa im Wohnzimmer hatte schon durchgescheuerte Stellen

in der Mitte saß man wie in einer Hängematte und am Rand bekam der Po Dellen

also begab man sich zu zweit in eines – nein: viele - Möbelhäuser auf die Suche

auf das man ein bequemes, nicht zu großes, nicht zu teures romantisches Sofa buche

und siehe an: Ein in etwa passendes war auch schon nach dem 5 Möbelhaus gefunden

man lächelte sich an - doch dann: Mal musste der eine, mal der andere bekunden

dass die Wahl des Stoffes und der Muster des anderen einem gar nicht behagte

womit mal der eine das Blumenmuster, mal der andere die kühle Moderne beklagte

also nach Jahrzehnten ein so unterschiedlicher Geschmack? Ja was war denn mit dem anderen los?

Wie konnte der nur solche Blumenmuster oder diese Streifen wollen – wie gab's das bloß?

Und mit welchem Eigensinn und welcher Überzeugung der andere darauf bestand

ja hat der denn das Blumen- oder das moderne Muster völlig verkannt?

Kurzum: Die ehelichen Koalitionsverhandlungen über das Sofa gerieten gefährlich ins Stocken

doch andererseits: Auf dem alten Sofa konnte man auch nicht mehr länger toben oder hocken

womit es noch weiterer 3 Möbelhäuserbesuche brauchte

bis sie ihm – zu dem Sofa mit dem Blumenmuster - ein zartes: „Das ist es doch" ins Ohr hauchte

dass dann auch genau zu seinem inzwischen veränderten Geschmack passte

weil er den ihren aus Freude und Glück nun auch als den seinen auffasste

was zeigt: Es gehört zu den schönsten und ältesten Tricks zwischen geübten Ehegatten

sich einander anzupassen im Wissen um das Vergnügen, dass sie aneinander haben und hatten

und so geschah es auch hier, dass die zwei sich zu Weihnachten je eine Hälfte des Sofas schenkten

- und wenn ihr mal vorbeikommt und auf dem neuen Sofa sitzt solltet ihr an diese Geschichte denken.

Im Advent

Entspannt in einen Schaukelstuhl gelehnt

Gedanken angenehm gesponnen und gedreht

so saß ich da und sprach ich zu meinem Weibe

wie schön es doch sei mit ihr an meiner Seite

und es wäre doch mal Zeit ein Gedicht über die Weisheit von Ehegatten zu verfassen

Stoff dazu gäbe jeder Tag – und der Advent sei die rechte Zeit solche Gedanken fließen zu lassen

worauf sie sprach: „Mein Lieber, ich kann ja manche deiner Sprüchlein gut leiden

aber was willst denn du denn über die Weisheit schreiben?" (wörtliches Zitat)

Es knackte es in meiner Seele und es plumpste ein Stein

denn es war gewiss: Ich bin wieder bei meiner Liebsten daheim

und die Meinige war in ihren Aussagen wieder so wie klar wie man sie liebt und kennt
und das nicht nur im Advent.

Wie vor über 2000 Jahren in Bethlehem

Was uns heute bleibt
ist vielleicht nicht unsere eigene Ewigkeit
aber jeder mit Liebe und Freude gestaltete Moment
weil er neue Impuls und einen eigenen Zauber enthält
in dem die Seele für den Augenblick vielleicht eine Ankunft findet
und alle Lebenden und Gelebten zu einem Strang verbindet
der in gewisser Weise nicht aufzulösen ist und niemals endet
- so lange einer zu einem anderen einen liebevollen Zugang findet
so wie es z.B. vor über 2000 Jahren zwischen den Eltern und einem Kind geschah
in einer Krippe ärmlich geboren - wie es zuvor schon so oft gewesen war
mit einer durch Liebe und Güte immer wieder ganz eigenen neuen Kraft:
Das ist der Weg der täglich Gutes neu erschafft.

Warten kann helfen

Ist Weihnachten die Zeit
        einander zu sagen was wir uns schon immer sagen wollten?
Sind wird dann besonders bereit
        zu zeigen was wir zuvor nicht konnten?
Manchmal ist besser man vertagt solches ganz - oder bis nach dem Fest
        um an den stillen Tagen mit Dank- und Duldsamkeit zufrieden zu sein
und man zeigt besser seine Erwartungen erst wieder in des Jahres Rest:
        Vielleicht wird bis dahin auch so mancher Ärger wieder klein.

Warten auf ein Wort

Er traue sich noch nicht es ihr zu sagen
denn er wollte die Offenbarung seines Wunsches noch nicht wagen
und sie? Sie hoffte er möge den ersten Schritt tun
also würde sie noch still an seiner Seite ruh'n
denn er brauche vielleicht noch etwas Zeit
für so ein ganzes langes Leben zu zweit
- doch im nächsten Moment lud er sie ein
Weihnachten mit ihm zusammen zu sein
- was vielleicht keine besondere Weihnachtsgeschichte ist
es sei denn, dass du als Verliebte/r Teil einer solchen Geschichte bist.

Geschenk

Da saßen sie nebeneinander auf der Couch und tranken Wein
die Köpfe aneinander gelehnt, denn ohne den anderen wären sie allein
und nun war der Weihnachtsabend da und sie hatten sich nichts schenken wollen
der schnöde Konsumrummel - nein, diesmal weigerten sie sich dem Tribut zu zollen
und so lasen sie sich Geschichten vor, hörten ein Konzert und nahmen sich in die Arme
genossen mit einem Blick aus dem Fenster den Schneefall und das ferne Licht der Sterne
und es war gut, den ganzen Konsumrausch nicht mitzumachen
sich zu besinnen auf die wirklich wichtigen Sachen
womit sie sich küssten und noch inniger aneinander lehnten
- und das taten, was dem Abend einen friedlichsten Abschluss gab
worauf neun Monate später das größte Geschenk bei ihnen lag.

Zu Weihnachten

Weihnachten sei so profan – es gäbe zu wenig, um neue Hoffnung zu schöpfen?
Zu viel Herzloses sei geschehen, um sich erneut liebend zu öffnen?
Zu gleichgültig seien die Menschen auf der Jagd nach Geltung und Macht?
Selbst die Heiterkeit sei oft geschäftlich – es werde zu viel berechnend gelacht?
Jeder sei zu sehr auf Karriere, Herrschaft, Geltung und Vermögen bedacht?
Und die marktwirtschaftliche Ordnung aus obszöner Missachtung Schwächerer gemacht?
So sei eine Ruhe zu oft nur in einer einsamen oder zweisamen Resignation gegeben?
Und die Hoffnung auf Frieden könne man zu den Akten legen?
Ich sehe schon: Du bist in der realen Welt angekommen
Liebe? Die ist ein Geschenk - mühsam, rar und bisweilen nur ersonnen
aber du hast es dir doch ganz bestimmt zum wichtigsten Ziel gemacht
und glücklicherweise hier in unsere Runde mitgebracht?

Was hilft wirklich?

Keine Raketen an diesem Silvester?
Das wäre - sagst du – für diese friedlose Erde dieses Jahr besser
denn all das Menschenleid war dieses Jahr wieder zum Entsetzen
- wir sollten deshalb am Jahreswechsel ein Zeichen der Stille setzen?
Doch: Käme ein mitfühlend handelnder Gott eher, wenn wir kein Feuerwerk machen?
Wenn wir im Dunkeln zusammenstehen und des Himmels kalte Schwärze betrachten?
Würden dadurch die Kalten, Arroganten, Überheblichen und Reichen eher verkünden
dass sie wieder zurück zu Mitgefühl und Mitmenschlichkeit finden?
Sähe dann der Himmel nicht mehr weg und ließe nicht Kinder sterben?

Werden wir ohne Silvesterraketen also wirklich wirksam dafür werben
dass - wenn schon nicht der Himmel - Menschen endlich einlenken
um einander nicht weiterhin zu erniedrigen und zu kränken?
Das aus dem damit gesparten wenigen Geld Essen und Wohlstand entsteht
welches dann an die Bedürftigsten in der Welt geht?
Können da nicht ein paar Silvesterraketen auch ein Hoffnungsschimmer sein?
Ich gehe schon mal raus und entzünde diesen kurzen bunten Feuerschein.

Frohe Weihnachten

Weihnachten stellt sich die Frage
was wir uns wünschen an diesem Tage:
Autos, Wohnungen, Urlaub, Computer - alles könnte besser sein
doch am wichtigsten? Liebe mich und lasse mich nicht allein
- also wie wäre es du würdest dich mir als Geschenk zeigen
und über Nacht bleiben?

Bereit

M/eine Frau (das Gedicht geht auch mit: Mann) sagt, sie war das Jahr so lieb
dass es dazu eigentlich kein irdisches Gedicht gibt
und sie hat recht: Denn das allseits bekannte „Strenge dich an."
„Gehe endlich die Reparaturen an."
„Lass' dich nicht so hängen."
„Da muss du dich eben mehr anstrengen".
„Suchen kannst du ja – aber nicht finden."
„Lass' mich machen – mit deinen zwei linken Händen wird es nie gelingen."
Und: „Wie du wieder aussiehst!"
Oder: „Wie mundfaul du dich heute gibst."
Und „Was du alles vergisst."
„Wie oft du deine Schlüssel vermisst."
Oder: „Hast du mir überhaupt zugehört?"
„Rase doch mit dem Auto nicht so schnell wie gestört."
Und: „Stelle dich nicht so umständlich an."
„Mach doch mal schneller, wir sind schon spät dran."
Oder: „Halte dich aufrecht."
„So wie du da stehst ginge es ja selbst einem armen Vieh schlecht."
Wie auch ein: „Du bist ein alter Pessimist."
Oder: „Könnte es sein, dass du heute mäklig bist?"
Und: "Mache doch endlich die blöde Computerkiste zu."
Oder: „Meinst du nicht es wäre zu dieser späten Stunde besser du gibst Ruh'?"

Wie auch ein: „Vernasche nicht immer nur die Rosinen aus dem Stollen."
Und: „Bedenke den Unterschied zwischen Wollen und Sollen."

Das alles hatte sie vielleicht auf der Zunge – denn es wäre gerecht

doch sie (oder er) sagte es nie – oder kaum – und das ist ja als Geschenk nicht
schlecht

übrigens nicht nur zur Weihnachtszeit:

Denn glaubt mir: Für solch nette Geschenke sind wir alle stets bereit.

Passendes Weihnachtsgeschenk

Die Kunst der passenden Geschenke
ist etwas, dass man am besten bei Zeiten bedenke
weshalb man schon unter dem Jahr den Worten der/s Liebsten aufmerksam lausche
damit man nicht zur Weihnachtszeit hektisch renne, kaufe und umtausche
- doch auch mit viel Aufmerksamkeit gibt es Jahre, da will nichts passen
und doch möchte man nicht von der netten Geste lassen
(wobei ich hier das Geschenk der Liebe bewusst ausnehme
denn wer von uns schenkt nicht jeden Tag sowieso schon viel Herzenswärme?)
und so möchte ich euch von einem universellen Geschenk berichten
auf das würde wohl keiner – wenn es dies denn gäbe – gerne verzichten:
Gäbe es heute schon einen perfekten Bio-3-D-Drucker auf dem Markt
dann wäre es möglich: Man druckt sich den perfekten Menschen - gütig, klug, schön und zart
denn nur reichlich von einer komplexen Biomasse in den Druckbehälter geschmissen
würde so ein Bio-3-D-Drucker uns einen Menschen unserer Träume in Form pressen
und man müsste nur bei der Programmierung gut aufpassen
um sich nicht von kindlichen Idealvorstellungen leiten zu lassen
denn stellt euch vor: Die oder der so geschaffene Mensch wäre perfekt
wie sähen wir daneben aus? Da bliebe jedem von uns ja fast nur ein Versteck
denn die oder der Andere würde zwar auf dem Niveau unserer Ansprüche liegen
doch wir selbst? So viel Unvollkommenheit ist ja nicht mehr zurecht zu biegen
denn vergleicht doch mal: Da der makellose Entwurf – und Du und Ich daneben:
Wie rasch müssten wir uns selbst als fehlerhaften „Montagsentwurf" bei Seite legen!
Also müssten wir bei der Programmierung etliche Eigenschaften von uns selbst beimischen
den perfekten und klaren Entwurf mit unseren Macken und Schwächen verwischen
und dem Bio-3-D-Drucker beim Drucken ab und zu einen heftigen Stoß geben
damit in das Werkstück die Unebenheiten des launischen Zufalls eingehen
zudem müssten wir hier und da den Guss der Biomasse dicker oder dünner gestalten
umso ein - an uns gemessen – nicht zu realitätsfremdes Ergebnis zu erhalten
denn bedenkt: Wie kann man jemanden lieben, der weitaus perfekter als man selber ist?
Darum ist es besser, dass weder Du noch Ich ein makelloser Entwurf bist

- und darum bleibt es dabei: Die Geschenke sind wieder (ein zarter Kuss) und Socken und
Hemd
damit der weihnachtliche Frieden nicht durch ein überirdisches Ideal wie eine Kerze
niederbrennt.
(PS.: Wobei ich bei „Ihr" schon manchmal den Eindruck habe
sie stamme vielleicht doch aus so einem Drucker oder Reagenzglas mit ihrer Gabe
denn sie kann hellseherisch in mich zu blicken und schon vorher mit einem Fingerwink mir
z.B. zu zeigen:
Tue nicht was du gerade denkst – lasse es jetzt mal besser bleiben).

Ein anderes Weihnachtsgeschenk

Eines Tages steht er vor der Tür
der Sensenmann, und spricht: „Nun bin ich hier
und wenn du glaubst ich gehe nochmals fort
so täuschst du dich über die Zeit und den Ort
denn was du jetzt noch in Händen hast
lege es weg – du hast es verpasst.
Wie? Du meckerst? Ich sei zu früh, du willst noch leben?
Dir kommt mein Auftritt gänzlich ungelegen?
Und heute sei zudem Weihnachten – da passe ich nicht?
Das sei der Tag an dem es einst aufging: ein neues, das Leben bereicherndes Licht?
Ja, das stimmt, die Kunde der Nächstenliebe beginnt an diesem Fest erneut
und im Jahr tat man ja so manches, dass man – daran gemessen – am besten bereut
und du hat recht: Der Zeitpunkt ist passend, um sich Gutes neu vorzunehmen
denn die Kraft all das gut Gewollte zu tun – die ist bekanntlich nicht immer gegeben
also gut, du bist noch voller Vorsätze: Deshalb werde ich nochmals gehen
und so in einem Jahr oder später mal wieder bei dir vorbeisehen
denn heute bekommst du noch mal das größte aller Geschenke: Lebenszeit
– also los, mache dich jetzt erneut für eine die Liebe bereit."

KuK-Monarchie

Eine Frage: Gibt es sie noch – die Kuk-Monarchie?
Mit z.B. einer faszinierenden Herrscherin, also einer Sie
die Maßstäbe und Ideale setzt, die fordert und schenkt
weil Sie das Glück der Anderer und „Ihren" an erster Stelle bedenkt?
Die zudem den Haushalt verwaltet und manche Schmerzen heilt
bei Kummer mit Rat und noch mehr Liebe zur Hilfe eilt?
Die überschäumenden Emotionen ein klares Maß gibt
wobei Sie vor keiner Herausforderung in ihrem Reich flieht

was die so beglückten Begleiter ihr – oft nur still - mit Freuden danken
während die Zweige ihrer – nehmen wir ruhig die alten Worte - Güte und Weisheit kräftig
ranken?
Und nichts wird pompös, effekthascherisch oder belehrend herausgeputzt
und doch höchst effektiv, friedvoll und beharrlich eingesetzt?
Wollt ihr nun wissen, wo eine solche Monarchie vielleicht noch ist?
Geführt von einer Regentin (es kann auch ein Regent sein) mit viel Herz, Geduld und weiser
List?
Nur so viel sei verraten: Die KuK-Monarchie ist eine solche belebt mit Kindern und Küche
und zur Weihnachtszeit voller herrlicher Kuchen- und Bratengerüche
doch wer glaubt oder fürchtet, dass sei längst vergangener Zeiten Glanz und Glück
für den hoffe ich: Es kehre davon ein Stück in jede Familie zurück
auch wenn es dafür seit jeher weder Orden, Gelder noch Prestige gibt
- aber etwas, das man nur in zufriedenen Augen sieht.

Biblisch

Maria hat es zu höchstem Ansehen gebracht
doch was hat die Menschheit mit Josef gemacht?
Ihn weitgehend verschwiegen, übersehen und vergessen
wie einen ungeliebten Verwandten als Randfigur abseitsstehen lassen
denn er war ja nur der, der Maria und Jesus mit harter Arbeit ein reales Leben bot
doch das zählt wohl kaum – denn die Dame ward von jemand Höherem geschwängert und
verlobt.

Himmlisches Licht

Jesus lebt fortan als himmlisches Licht?
Also dünner als Luft? Warum nicht?
So ist er ebenso greifbar wie Sonnenstrahlen oder Wolken und Wellen
während sich Menschen lieben oder die Köpfe eindellen
und bleibt dabei so fern oder nah
wie Menschen ihn verstehen: Dass seine Nächstenliebe ein Vorbild war.

Fragen

Es gibt an jedem Tag Fragen
an denen könnte man verzagen
etwa: Warum man immer wieder auf einen Erlöser hofft
dessen Herz – siehe z.B. Jesus - seit Jahrtausenden nicht mehr pocht
und dessen Ideen auch heute noch mit Füßen getreten werden

auch von vielen die ihn angeblich verehren

wenn sie die Machtlosigkeit anderer unter dem Deckmantel freier Märkte ausnutzen

und Schwächere ein Leben lang geringachten und runterputzen?

So stellen sich an fast jedem Tag Fragen

und außer gelebter und hoffender Liebe im engsten Umkreis ist oft nichts zu tun und zu sagen.

Unmögliche Frage

Gefragt zu werden, ob man geboren sein möchte, ist eine Unmöglichkeit

denn ist man erst mal auf Erden ist dafür nicht mehr die richtige Zeit

und man kann sich dies dann zwar selber noch fragen

doch hat man dazu eigentlich immer nur Verspätetes zu sagen

außer, es möge bisweilen ein besseres Leben sein

doch zum Zeitpunkt der Geburt war man dafür noch zu klein

weswegen wohl auch Jesus in der Krippe sich die Frage nicht stellte

darum den Daumen in den Mund steckte und später erst die Welt erhellte

mit der Botschaft: Liebe deinen Nächsten wie dich selbst

damit du vergibst und Frieden und Freude mehrst und erhältst

- weswegen man die Frage, ob man geboren sein möchte, verschieben kann

und besser fragt: Was ist es, dass ich heute Gutes für dich und uns tun kann

damit man auf die Frage nach dem Geburtswunsch eine wunderbare Antwort hat

und mal ehrlich: Wer hat davon so viel, dass er sagen würde: Genug, nun bin ich satt?

Zeitfracht Medien GmbH
Ferdinand-Jühlke-Straße 7
99095 Erfurt, Deutschland
produktsicherheit@kolibri360.de